ET SI VOUS M'EXPLIQUIEZ LE BOUDDHISME ?

RINGOU TULKOU
RIMPOTCHÉ

ET SI VOUS M'EXPLIQUIEZ LE BOUDDHISME ?

Traduit de l'anglais et adapté
par Corinne Segers et Inès Wouters

NiL éditions

ISBN 2-84111-232-2

Par les bienfaits de toutes ces bonnes actions
Puissent toutes les émotions négatives et les voiles
[qui obscurcissent l'esprit être éliminés
Et puissent tous les êtres vivants être libérés de
[l'océan du cycle des existences (samsâra)
Agité par les vagues de la vieillesse, de la maladie,
[de la naissance et de la mort.

Préface

Et si vous m'expliquiez le bouddhisme ? *constitue l'une des meilleures introductions dont nous disposons actuellement. Dans un langage simple et intelligent, à l'aide d'images qui font appel à notre expérience de tous les jours et n'en sont pas moins d'une finesse surprenante, Ringou Tulkou Rimpotché nous guide avec limpidité à la découverte des principes fondamentaux de la voie contemplative et philosophique du bouddhisme tel qu'il est pratiqué au Tibet.*

Le texte dont il extrait ici la quintessence tout en le commentant, Le Précieux Ornement de la Libération, *fut composé par Gampopa (1079-1153)* [a]*, le principal fils spirituel du grand ermite Milarepa.*

Dans le genre dit de la « voie graduelle », le manuel de Gampopa est un classique qui nous guide pas à pas vers l'Éveil. Les étapes de cette voie n'ont rien d'artificiel : elles jalonnent le déroulement de la transformation intérieure, de la croissance qui fait de l'enfant spirituel un adulte en sagesse. Vouloir précipiter le processus de manière artificielle risque de flétrir le bourgeon de la

---

[a] Pour plus d'informations, voir l'avant-propos.

connaissance avant même qu'il ait pu éclore. Il est donc d'une importance capitale de se familiariser avec chacune de ces étapes et de les pratiquer jusqu'à l'obtention d'une réelle expérience intérieure. Le yogi tibétain Shabkar nous met en garde contre l'impatience qui pourrait nous faire négliger cet aspect essentiel de la voie et désirer impatiemment arriver à destination sans même avoir voyagé :

« De nos jours, certaines personnes disent : "Il n'est pas nécessaire de déployer tant d'efforts à effectuer les pratiques préliminaires. Pourquoi se compliquer la vie ? Il suffit simplement de pratiquer le mahâmudrâ *qui transcende tout concept." Mais cela revient à dire : "Bien que je ne puisse pas mastiquer du beurre, je vais mastiquer des pierres." N'écoutez pas de telles sottises. Comment celui qui n'a pas traversé les terres pourrait-il atteindre l'océan* [a] *? »*

L'enseignement de Ringou Tulkou Rimpotché nous révèle la valeur et le sens de la vie humaine, la signification de la mort et de l'impermanence, la loi du karma *et les souffrances inhérentes au monde conditionné, le* samsâra. *Il exalte les vertus du renoncement, la nécessité de suivre un maître qualifié et de mettre en pratique ses enseignements. Il nous montre que la compassion est la principale caractéristique d'un pratiquant authentique, cette compassion qui nous fait vouloir : "Jusqu'à l'Éveil, je ferai tout ce qui est en mon pouvoir pour aider autrui, sans omettre un seul être, l'ami comme l'adversaire et l'étranger." N'est-il pas dit :*

Qui a la compassion possède tous les
[enseignements ;
Qui n'en a pas n'en possède aucun.

[a] *Shabkar, autobiographie d'un yogi tibétain*, t. 1 et t. 2, Albin Michel, 1998.

Il nous enseigne l'essence de la générosité : le non-attachement qui supporte l'adversité et triomphe des élans de la colère ; la diligence par laquelle on s'astreint sans distraction à la pratique en éliminant toute paresse ; la concentration qui domine les émotions obscurcissantes et les pensées discursives ; enfin la sagesse qui dévoile la nature ultime des phénomènes, la compréhension de la vacuité intimement liée à une compassion infinie, la réalisation de la nature de la bouddhéité innée en chaque être, la pureté primordiale et immuable de tous les phénomènes.

Les explications lucides de Ringou Tulkou Rimpotché nous fournissent donc les bases indispensables à une pratique spirituelle qui allie connaissance et expérience, rigueur et inspiration.

Matthieu Ricard

Avant-propos des traductrices

Le Précieux Ornement de la Libération

Le Précieux Ornement de la Libération [a] de Gampopa est un des textes les plus importants du bouddhisme tibétain. Pour l'école Kagyupa [b], c'est le texte qui constitue la base du curriculum des moines novices. On l'appelle aussi « la rencontre des deux courants », car Gampopa y rassemble deux courants, jusqu'alors distincts, d'enseignement du dharma : celui de la tradition Kadampa [c], et celui de la tradition tantriquc du mahâmudra [d].

Gampopa synthétise ces deux courants en un flot unique de pratique et d'expérience.

Le présent ouvrage, commentant l'ouvrage de

---

[a] Le titre en tibétain : *Dvagpo thar rgyan* (prononcé « Dagpo Tardjièn »).

[b] Tib. : *Bka' brgyud pa* : l'école Kagyupa est une des quatre grandes écoles du bouddhisme tibétain contemporain. Les trois autres écoles sont les écoles Nyingmapa (Tib. : *rnying ma pa*), Gelougpa *(dge lugs pa)* et Sakyapa *(sa skya pa)*.

[c] Tib. : *Bka' gdams pa* : une des écoles du bouddhisme tibétain aujourd'hui disparue, dont la tradition fut absorbée par différentes autres écoles, dont les écoles contemporaines. La tradition Kadampa trouve sa source dans les enseignements d'Atishâ, lui-même dépositaire des enseignements de Nâgârjuna et d'Asanga.

[d] Enseignement le plus élevé de l'école Kagyupa, transmis de maître à disciple (de Tilopa à Naropa, de Naropa à Marpa, de Marpa à Milarepa, de Milarepa à Gampopa et ainsi de suite).

Gampopa, *Le Précieux Ornement de la Libération*, se fonde sur des enseignements oraux donnés à l'occasion d'un cycle de conférences en 1994 et 1995, et s'adressant à un public très divers. Certaines redites dans le texte sont donc inévitables. Nous avons estimé préférable de les conserver pour laisser à chaque sujet abordé sa cohérence et sa clarté.

Les enseignements, donnés en anglais, se basent sur le texte original tibétain de Gampopa. Rimpotché s'aida des traductions anglaises de Günther [a] et de Ken et Katia Holmes [b]. La traduction de Günther fut publiée en 1959, l'année même où le Dalaï-Lama se réfugia en Inde : une coïncidence qui n'est pas dépourvue de signification.

En 1994, Rimpotché ne disposait que de la traduction de Günther. En 1995, il a choisi la traduction de Ken et Kathia Holmes, qui est souvent citée. Depuis, l'excellente traduction française du comité Padmakara [c] est venue s'ajouter aux ouvrages disponibles. Rimpotché a exprimé le souhait que cette traduction soit utilisée autant que possible pour les citations reproduites dans le présent ouvrage. Toutefois, la traduction de l'anglais a été conservée lorsque l'enseignement de Rimpotché s'y réfère plus spécifiquement et qu'il existe une divergence entre les versions anglaise et française.

Que le lecteur néophyte ne se laisse pas déconcerter par les mots sanscrits ou tibétains qu'il rencontrera. Ils sont tous expliqués soit dans le texte lui-même, soit dans le glossaire en fin d'ouvrage.

Ces mots apparaissent sous une forme

---

[a] *The Jewel Ornament of Liberation*, Herbert V. Günther, 1958.

[b] *Gems of Dharma, Jewels of Freedom – the classic handbook of Buddhism by Jé Gampopa*, new translation by Ken and Katia Holmes, Altea Publishing, 1995.

[c] *Le Précieux Ornement de la Libération*, Gampopa Seunam Rinchen, traduit par Christian Bruyat et le comité de traduction Padmakara, Éd. Padmakara, Saint-Léon-sur-Vezère, 1999.

phonétique pour en faciliter la lecture. Il n'y a pas encore de consensus quant à cette transcription phonétique, et nous sommes bien conscientes que nos choix ne pourront faire l'unanimité.

La vie de Gampopa (1079-1153)

Gampopa était un jeune médecin renommé, mais toute sa science ne lui permit pas de sauver sa femme et ses deux enfants lorsqu'une épidémie ravagea la région où ils vivaient. Du fond de sa douleur, il comprit alors le caractère transitoire de toute chose et la souffrance associée à l'impermanence. Il décida de renoncer au monde, se fit moine et se consacra totalement à la pratique spirituelle, cherchant le moyen de mettre fin aux souffrances du samsâra. Pendant de longues années il suivit les enseignements de guéshés – les docteurs en philosophie, grands érudits possédant une profonde connaissance des soutras et des enseignements bouddhistes – de l'école Kadampa. Un jour, il entendit incidemment prononcer le nom de Milarepa. L'inspiration et la dévotion qu'il en conçut furent telles qu'il fondit en larmes et partit sur-le-champ à sa recherche. Après bien des péripéties, épuisé, Gampopa tomba malade non loin de l'endroit où vivait Milarepa. Les habitants du village prirent soin de lui et lui dirent qu'il devait sans doute être celui dont Milarepa prédisait la venue depuis quelque temps. Il fut donc traité avec beaucoup de respect. Gampopa s'enquit des propos de Milarepa à son sujet. On lui répondit que Milarepa annonçait l'arrivée d'un moine venant de Ü [a], qu'il s'agissait d'un grand bodhisattva qui

[a] Tibet central.

deviendrait le fondateur de sa lignée et que quiconque lui donnerait l'hospitalité serait libéré du samsâra et trouverait le bonheur éternel. À ces mots, Gampopa ne se sentit pas peu fier ! Conscient de cette flambée d'orgueil, Milarepa refusa de le voir pendant quinze jours. Quand il accepta enfin de le recevoir dans sa grotte, il buvait du vin dans une calotte crânienne. Il invita Gampopa à boire avec lui. Gampopa était un moine pleinement ordonné. Obéir, en ce cas, signifiait enfreindre ses vœux monastiques. Pourtant, sa confiance en Milarepa était telle qu'il but le vin sans hésitation, d'un seul trait, jusqu'à la dernière goutte. La capacité d'un étudiant se mesure à son ouverture : le geste de Gampopa prouvait qu'il était totalement ouvert, prêt à recevoir ce que Milarepa avait à lui donner.

En peu de temps, Milarepa lui transmit tous ses enseignements et toute son expérience. Gampopa devint son meilleur élève. Les *Cent Mille Chants* de Milarepa décrivent en détail la rencontre de Gampopa et de Milarepa et sa vie auprès de lui.

L'hommage

Comme il est de tradition dans tous les textes tibétains et sanscrits, *Le Précieux Ornement de la Libération* commence par un hommage à Manjushri [a]. L'hommage est considéré comme un élément important de l'œuvre. On dit qu'un lecteur très intelligent et évolué peut comprendre un texte rien qu'en lisant son titre et qu'un maître sage et intelligent peut enseigner un texte en ayant simplement lu

[a] Manjushri fut l'un des huit disciples les plus proches du Bouddha Shakyamuni. Dans le bouddhisme mahâyâna, Manjushri est le bodhisattva qui incarne la sagesse.

l'hommage. Comme ce n'est pas mon cas, je n'essaierai pas d'en faire autant ! L'hommage dit ici :

Hommage au sublime Manjushri de Jouvence !
M'inclinant devant les bouddhas, leurs fils et leurs nobles [enseignements
Ainsi qu'aux pieds des maîtres qui en sont l'ultime [source...

Gampopa rend hommage aux bouddhas et à leurs fils spirituels. Les fils spirituels des bouddhas sont les bodhisattvas. Un bodhisattva est une personne, homme ou femme, qui a décidé de devenir un être éveillé, un bouddha, au profit de tous les êtres. Toute personne qui pense et agit de la sorte est un bodhisattva, quelle que soit sa religion.

Les bodhisattvas sont considérés tantôt comme les fils et tantôt comme les pères des bouddhas. Un bodhisattva deviendra tôt ou tard un bouddha, de la même manière qu'un prince héritier deviendra roi. En ce sens on le considère comme un fils de bouddha. Les bodhisattvas sont aussi considérés comme les pères des bouddhas car on ne peut devenir un bouddha sans avoir été préalablement un bodhisattva. Le bodhisattva « engendre » donc le bouddha.

En rendant hommage à tous les nobles dharmas, Gampopa reconnaît qu'il n'y a pas qu'un seul enseignement ni une seule voie. Au contraire, il y en a d'innombrables, menant toutes dans la bonne direction. Comme chaque individu est unique, les enseignements doivent tenir compte de la spécificité et des besoins de chacun. Il est donc nécessaire d'avoir des dharmas différents, c'est-à-dire des voies différentes.

Gampopa rend aussi hommage au lama. Le lama est celui qui dispense effectivement l'enseignement, qui nous apprend ce qu'est un bouddha, un bodhisattva, l'Éveil, le dharma, etc. En tibétain, le lama-racine [a] est celui de nos enseignants qui nous transmet les instructions fondamentales.

Gampopa termine par ces mots :

Je m'en remets à la bonté du Seigneur Milarepa [b], *afin de [composer, pour mon bien et celui des autres,*
Ce précieux et noble enseignement pareil au joyau [magique.

Milarepa était le lama de Gampopa. C'est donc grâce à lui que ce savoir est arrivé jusqu'à nous. Telle est la signification de cet hommage à Manjushri.

---

[a] Traduction littérale du tibétain (Tib. : *rtsa ba'i bla ma*, prononcé « tsawai lama »).

[b] Traduction à partir de la version de K. & K. Holmes, qui se fonde principalement sur le texte tibétain conservé à Rumtek, dans lequel la référence à Milarepa est plus explicite.

Introduction

Le samsâra et le nirvâna

Tout ce qui existe se trouve soit dans le *samsâra* soit dans le *nirvâna*. D'un point de vue bouddhiste, tout être vivant ne peut être que dans l'un de ces deux états d'existence, nulle part ailleurs.

Le samsâra est notre état présent d'existence. Le nirvâna, quant à lui, est « atteint » lorsqu'on perçoit la réalité telle qu'elle est, à l'instar d'un bouddha et des autres êtres pleinement réalisés. Tant qu'on ne perçoit pas la réalité de la sorte, on est dans le samsâra.

Ce qu'on appelle samsâra a pour essence la vacuité, pour apparence la méprise, et pour attribut premier la souffrance.

Le texte tibétain dit simplement que le samsâra est vacuité.

Selon le bouddhisme, tout est en essence vacuité *(shûnyatâ)*, tant le samsâra que le nirvâna. Shûnyatâ ne signifie pas « vide ». C'est un mot très difficile à comprendre et à définir. C'est avec réserve que je le traduis par « vacuité ». La meilleure définition est, à mon avis, « interdépendance », ce qui signifie que toute chose dépend des autres pour exister. Si par exemple il n'y avait pas de sol, rien de ce qui nous entoure, cet autel, cette chaise, ne serait là. Tout est vacuité, puisqu'il n'est rien qui ne soit dépendant de tout le reste. Tout est par nature interdépendant et donc vide d'existence propre.

Si, comme je l'ai brièvement défini, la nature du samsâra est d'être vide, sa manifestation est une conception erronée de la réalité. « *Trulwa* »[1] est un terme capital dans la terminologie bouddhiste. En tibétain *trulwa* signifie littéralement « hallucination ». Dans ce contexte, il s'agit d'une « méprise », d'une « conception erronée ». D'un point de vue bouddhiste, ces conceptions erronées sont notre problème principal, la source de toutes nos expériences de malheur et de souffrance. Le samsâra est donc une conception erronée ou, si l'on veut, une confusion, une illusion, une erreur.

La troisième caractéristique du samsâra est la souffrance. Si nous expérimentons la souffrance, cela signifie nécessairement que nous sommes dans le samsâra.

La différence entre le samsâra et le nirvâna, c'est la présence ou l'absence des conceptions erronées qui engendrent la souffrance. Il n'en reste pas moins que le samsâra et le nirvâna ont la même nature : *shûnyatâ*.

Si la nature du nirvâna est donc également shûnyatâ, il se caractérise en revanche par l'élimination totale de toute confusion, de toute conception erronée, et se manifeste par la libération de toute souffrance. Ce sont les trois caractéristiques du nirvâna.

Le bouddhisme distingue six classes d'existences ou « six royaumes ». Chaque être appartient à l'une ou à l'autre de ces classes et y expérimente la souffrance et la confusion propres à cette classe.

Que ce soient les hommes, les animaux, les êtres qui peuplent les mondes inférieurs ou les dieux, tous les êtres des « *six royaumes* » vivent sous l'emprise de conceptions erronées, de la confusion. Tout être qui souffre peut souffrir, ou tout simplement a en lui les causes de la souffrance, vit dans le samsâra.

Nous pouvons dès lors nous demander quelle est la source de nos conceptions erronées et de la souffrance qui en résulte. Cette cause est l'ignorance. « Ignorance » ne signifie pas ici un quelconque manque de connaissances ou d'informations, mais une absence de compréhension de la nature réelle des choses, c'est-à-dire l'absence d'existence propre d'un soi au sein de l'individu et des phénomènes. Cette absence d'existence propre est ce qu'on appelle shûnyatâ.

Nous sommes dans la confusion de la même manière que si nous étions endormis. Lorsque nous dormons, nos rêves nous semblent aussi réels que la réalité lorsque nous sommes éveillés, pourtant quand le rêve prend fin, il n'en reste rien. Le samsâra est comme un rêve. Je ne dis pas que notre vie est un rêve, mais qu'elle est comme un rêve. On peut rêver de beaucoup de choses, tranquillement endormi dans son lit, mais quand on se réveille, on se rend compte que tout ce qui peuplait notre monde onirique n'a en fait jamais existé.

Les grandes souffrances, les grandes joies que nous expérimentons lorsque nous sommes emportés par le tourbillon de nos émotions nous semblent très réelles. Pourtant, réaliser l'Éveil, c'est découvrir que toutes ces sensations, ces émotions, n'étaient que des manifestations de même nature que les rêves, sans aucune réalité propre, sans aucune existence intrinsèque. C'est pour cette raison que l'on dit du samsâra qu'il n'a pas de début, mais qu'il peut avoir une fin pour chaque individu, même s'il continue en tant que phénomène global. Il est d'ailleurs intéressant de remarquer à ce sujet que lorsque nous rêvons nous n'avons pas conscience qu'un rêve commence mais que nous savons que le rêve prend fin quand nous nous réveillons.

Beaucoup de gens se demandent pourquoi et à quel moment nous sommes entrés dans le samsâra, alors que nous avons tous la « nature de bouddha ». C'est une question très difficile, à laquelle il n'y a pas de réponse toute faite. Ce qu'il est important de comprendre c'est que le samsâra est fondé sur une conception erronée et qu'il est donc une illusion.

Certains se demandent également en quoi le fait de demeurer dans le samsâra constitue un problème. Qu'importent l'illusion et la confusion puisque le rêve qu'ils font est beau ! Ces personnes doivent prendre conscience que même si leur situation présente est heureuse, tant qu'elles demeurent dans le samsâra, elles doivent s'attendre à souffrir, à expérimenter tôt ou tard le malheur. Il y a certes de bons moments, mais si l'on y regarde d'un peu plus près, la souffrance est latente même lorsque nous sommes heureux, ne fût-ce que parce que nous savons que notre bonheur ne durera pas. Nous anticipons déjà avec crainte le moindre changement. Le simple fait d'attendre un événement, heureux ou malheureux, est déjà une source d'anxiété. Quelle est notre réaction lorsqu'on frappe à notre porte alors que nous n'attendons personne, ou que le téléphone sonne soudain à trois heures du matin ? Il y a là une forme de souffrance latente. C'est pourquoi il est dit que le samsâra est fondamentalement douloureux.

Il n'y a aucune chance que cette souffrance disparaisse d'elle-même. Il est nécessaire d'agir. Les conceptions erronées, la confusion sont présentes depuis notre naissance. Pourquoi disparaîtraient-elles ? Il n'y a aucune raison qu'elles le fassent. Gampopa nous recommande dès lors de tout faire, dès maintenant, pour sortir du samsâra et atteindre le nirvâna.

Comment nous y prendre ? De quoi avons-nous besoin ? Quelles sont donc les qualités requises ? Selon Gampopa, six conditions sont nécessaires :

le fondement ou la cause [2] ;

la base [3] ;

l'environnement [4] ;

la méthode ;

le résultat ;

l'activité.

Ce sont ces six conditions qu'il détaille dans ce livre.

Première partie

La cause première de l'Éveil : la nature du bouddha

Le samsâra et le nirvâna ne sont pas des lieux distincts : on ne quitte pas l'un pour entrer dans l'autre, c'est là un principe de base du bouddhisme qu'il nous faut bien comprendre. Une fois dans le nirvâna, on ne revient jamais dans le samsâra, car le nirvâna n'est pas une destination à atteindre, mais une compréhension de la nature véritable du samsâra. C'est un état permanent, puisque c'est une compréhension, une sagesse totale.

Ce que l'on appelle samsâra est notre état de confusion et de souffrance. Comprendre la vraie nature de la souffrance implique comprendre ce que sont vraiment les choses. La confusion disparaît alors, ainsi que la souffrance. C'est le nirvâna. C'est pourquoi on dit que le samsâra et le nirvâna sont semblables : tous deux sont shûnyatâ (vacuité).

Si nous sommes en mesure d'atteindre le nirvâna, c'est que nous possédons déjà la nature de bouddha, ce que l'on appelle le « *tathâgatagharba* ». Tous les êtres ont en eux cette nature de bouddha.

Qu'est-ce qui nous permet de l'affirmer ? Nous pouvons comprendre que nous avons effectivement tous cette nature de bouddha par trois approches.

La première repose sur l'autorité scripturaire, la foi que l'on peut accorder aux paroles du Bouddha. C'est le Bouddha Shakyamouni lui-même qui en a affirmé l'existence et nous avons toutes les raisons d'accorder notre confiance à la parole de quelqu'un qui a atteint la bouddhéité : qui mieux que lui pourrait savoir si la nature de bouddha existe ou non.

Dans le *Soutra de l'Absorption souveraine* le Bouddha dit cette phrase clé :

La nature de bouddha[5] *est présente dans tous les êtres.*

Selon le *Petit Soutra du nirvâna*[(a)] :

Tous les êtres possèdent la nature de Bouddha (tathâgatagharba)

Ce même soutra explique encore que la nature de bouddha est présente dans tous les êtres, comme le beurre dans le lait. Cette constatation a non seulement été faite par le Bouddha, mais aussi par tous ses successeurs et notamment ceux qui ont fondé et développé le bouddhisme *mahâyâna*, comme Asanga et Nâgârjuna.

La deuxième manière de démontrer l'existence de la nature de bouddha ne se fonde pas sur l'autorité des textes mais consiste à décrire avec précision ce qu'est la nature de bouddha et à ensuite déterminer la manière dont elle se manifeste chez les êtres.

La nature du samsâra et du nirvâna est *shûnyatâ*.

---

[a] Il s'agit d'un des plus importants soutras du mahâyâna, qui prédit notamment la venue de Gampopa. Sans. : *Samâdhirâjasûtra*. Tib. : *Ting-ngé' 'dzin ryal po'i mdo.*

La nature fondamentale de tous les êtres est donc shûnyatâ. Ce terme est synonyme de *dharmakâya*. On parle beaucoup des « trois kâyas » dans le bouddhisme : le dharmakâya, le *sambhogakâya* et le *nirmânakâya*. Ces notions ne seront sans doute pas claires pour vous de prime abord, mais elles seront expliquées plus en détail par la suite.

« Dharmakâya » a plusieurs significations, mais ici j'utilise ce terme pour désigner la véritable nature ultime des phénomènes. Dans ce contexte *dharma* signifie « apparence réelle », « nature véritable » et *kâya* signifie « forme ». *Dharmakâya* signifie « la forme de la nature véritable de la réalité ultime ». Que l'on soit dans le samsâra ou dans le nirvâna, notre véritable nature ne peut être que cette vérité ultime, à savoir le dharmakâya. Si l'on comprend, expérimente et réalise cette nature ultime, cette vérité fondamentale, on atteint ou plutôt on devient alors le dharmakâya. Cette vraie nature est immuable. Rien ne l'altère. Elle ne diffère en rien chez un être samsarique et un être éveillé. Le dharmakâya n'est pas plus petit ou inférieur chez le premier et plus grand et supérieur chez le second. Un bouddha et un être ordinaire ont exactement la même nature de base.

En atteignant la bouddhéité, nous ne devenons pas quelqu'un de complètement différent. Nous devenons pleinement conscients de ce que nous avons toujours été. Ce n'est pas « quelque chose qui arrive », mais une compréhension, une réalisation. Notre confusion se dissipe. Nous pouvons comparer le samsâra à un nuage épais qui nous empêche de distinguer autre chose que des formes vagues et confuses. Lorsque le brouillard se dissipe, le paysage n'a pas changé, mais nous le voyons enfin clairement.

Finalement, bien que nous soyons dans le samsâra, nous pouvons constater qu'il existe des preuves de l'existence de cette nature de bouddha imprégnant tous les êtres vivants. Cette troisième manière de déterminer que nous avons tous la nature de bouddha est *rig*[6], c'est-à-dire la qualité que nous percevons chez celui qui possède cette nature de bouddha. *Rig* est un mot difficile à traduire. Littéralement, il signifie « caste ». Günther le traduit par « famille », mais ce n'est pas exactement cela[a]. C'est plutôt une sorte de « gène tribal ». Par exemple, les Mongols ont les cheveux et les yeux noirs. *Rig* est cette appartenance.

Tout être a la nature de bouddha car chacun a en lui ou elle ce qu'on appelle l'essence de bouddha, ce « gyu », cette semence qui peut s'épanouir, qui constitue notre potentiel d'éveil et peut faire de nous des bouddhas.

Mais qu'est-ce qu'un bouddha ?

En quelques mots un bouddha est celui ou celle qui a développé la sagesse et la compassion jusqu'à leur niveau ultime, sans limites. Dans ce contexte, sagesse ne signifie pas accumulation de connaissances, mais la capacité de voir la nature véritable de toutes choses. Ce qui caractérise un bouddha, ce sont donc la sagesse et la compassion.

Pour déterminer si la nature de bouddha existe en tous les êtres, nous examinons s'ils possèdent des qualités de sagesse et de compassion. Sans sagesse et sans compassion, il est impossible de devenir un bouddha, mais dès qu'un être possède ne fût-ce qu'un embryon de sagesse et de compassion, il peut

[a] Voir dans l'avant-propos *Le Précieux Ornement de la Libération.*

alors développer ces qualités jusqu'à leur niveau ultime et devenir un bouddha.

La preuve la plus concrète de la présence de cette nature est que nous avons tous, certes à des degrés divers, ces qualités de sagesse et de compassion. Selon le bouddhisme, il n'est pas d'être, humain ou non, qui ne possède un peu de sagesse et de compassion, qui n'éprouve parfois un bon sentiment pour quelqu'un. Quel que soit son degré de négativité, tout être possède en lui un minimum d'amour, de bonté et de compassion ne fût-ce que pour lui-même ou un seul être proche. Or une qualité qui existe peut être développée. De la même manière, chacun de nous a un certain degré de compréhension, même instinctive, de ce qui est bien ou mal. Puisque ces deux qualités peuvent être développées, tous les êtres ont la nature de bouddha et nous sommes tous de petits bouddhas en puissance.

Les qualités visibles de la nature de bouddha

Gampopa décrit comment le « rig », ou les qualités visibles de la nature de bouddha, se développe en cinq niveaux.

Le premier niveau s'appelle *rig tché*[7], qui pourrait se traduire par « isolé ». Littéralement *rig tché* signifie « coupé de la caste » et décrit l'état de ceux dont la nature de bouddha n'est pas apparente.

On les reconnaît à six signes :

— ils n'éprouvent aucune tristesse face aux imperfections du samsâra et n'ont pas le désir de s'en libérer. Même s'ils ressentent une souffrance intense, ils n'en reconnaissent pas les causes. Ils ne voient même pas où est le problème ;

— ils n'éprouvent aucune foi, aucune confiance

lorsqu'ils entendent parler des qualités du Bouddha et des états supérieurs du samsâra ;

— ils ne ressentent aucune culpabilité lorsqu'ils nuisent à autrui ;

— ils restent indifférents à toute critique et ignorent ce qu'est la honte ;

— ils n'éprouvent jamais le moindre remords ;

— ils ne ressentent aucune compassion.

Lorsque ces signes sont réunis, nous sommes en présence d'êtres appartenant à la famille des « isolés ». Ils n'ont apparemment pas les qualités requises pour réaliser l'Éveil et ils vivent comme s'ils n'avaient pas en eux la nature de bouddha. Cela ne signifie pas pour autant qu'ils ne deviendront jamais des bouddhas, mais que cela leur prendra beaucoup de temps.

Le deuxième niveau regroupe ceux dont la situation n'est pas bien définie [8]. Leur nature de bouddha se manifeste en fonction des circonstances. Une bonne influence et un état d'esprit positif font apparaître cette nature tandis que la situation inverse en étouffe toute manifestation.

Le troisième niveau est celui des *shrâvakas* [9] ou « auditeurs ». Les shrâvakas ont pris conscience des souffrances du samsâra et ont décidé de l'abandonner. Ils tendent de toutes leurs forces vers le nirvâna en se concentrant sur le développement de leur sagesse, mais non de leur compassion.

Le quatrième niveau est celui des *pratyekabouddhas* [10] ou « bouddhas individuels ». Ceux-ci ont les mêmes qualités que les shrâvakas. Ils sont très intelligents mais aussi fiers et arrogants. Ils donnent peu de crédit aux enseignants et désirent trouver leur voie par eux-mêmes. Si un guide leur donne un bon conseil, leur fierté les empêche de l'admettre, car ils veulent progresser ainsi.

À leur intention, le Bouddha a enseigné la voie des shrâvakas et des pratyekabouddhas, qui mène à l'état d'*arhat*.

Un arhat est libéré des souffrances du samsâra, mais ne devient pas pour autant un bouddha. Un arhat est une sorte de « destructeur ». Ce qu'il détruit, ce sont bien sûr ses propres ennemis intérieurs et non des ennemis extérieurs. Ayant éliminé ses émotions négatives, il ne souffre plus, puisque les souffrances proviennent des émotions négatives, mais il lui reste encore des étapes à franchir avant de devenir un être totalement réalisé.

Le niveau le plus élevé est celui des *bodhisattvas*.

On distingue deux aspects du potentiel des bodhisattvas :

— le potentiel qui existe naturellement ;

— le potentiel d'acquisition, c'est-à-dire le potentiel de développer les qualités de l'Éveil, et qui n'est autre que la capacité inhérente à tous les êtres de devenir des bodhisattvas. Ce potentiel s'actualise chez ceux qui ont cultivé les actes positifs au cours de leurs existences antérieures.

Quand on parle de la famille des bodhisattvas, on se réfère habituellement à la seconde catégorie. Ceux chez qui les qualités de sagesse et de compassion sont visiblement présentes appartiennent à cette famille.

Selon Gampopa, il y a deux types de bodhisattvas : ceux qui sont totalement éveillés et ceux qui ne le sont pas, ceux dont les caractéristiques sont apparentes et ceux dont les caractéristiques sont latentes. Par caractéristiques latentes, il fait référence à ceux qui ont toutes les qualités d'un bodhisattva, mais qui restent entravés, sous l'emprise de forces négatives. De telles entraves peuvent être surmontées, pour autant que la personne concernée s'y emploie. En tout état de cause, les caractéristiques d'un bodhisattva apparaissent plus à certains moments qu'à d'autres.

Quelles sont ces caractéristiques ?

Dans le *Soutra des Dix Dharmas* [a] il est dit :

> *Le potentiel des bodhisattvas à l'esprit supérieur*
> *Se reconnaît à ses signes,*
> *Comme le feu à la fumée*
> *Et la présence de l'eau aux canards.*

Indépendamment de l'influence d'un ami spirituel, le corps et la parole d'un tel bodhisattva sont bons par nature, et son esprit est peu contaminé par la fourberie et la duplicité, tandis qu'il éprouve de l'amour pour tous les êtres. Il est d'une grande pureté intérieure.

Si quelqu'un, sans être sous une influence positive quelconque, est naturellement bon, sans tromperie ni duplicité, et a l'esprit empreint de compassion, il fait partie de la famille des bodhisattvas et n'est pas loin de devenir un bouddha.

Tous les êtres vivants ont ces qualités latentes. À force d'efforts et de pratique nous pouvons tous parvenir à les développer et devenir des bouddhas. Il n'y a aucune raison de penser que les souffrances du samsâra sont inévitables et qu'on doive les accepter comme telles. S'il y a souffrance, il faut réagir. Toutes nos souffrances, nos névroses, ont un caractère temporaire et peuvent être éliminées.

---

[a] *Dashadharmaka soutra.*

Même si nous sommes dans la confusion et subissons de grandes souffrances, il n'y a aucune raison de désespérer.

Il n'est pas nécessaire d'attendre une vie future pour passer d'une « famille » à une autre. En effet, selon la philosophie bouddhiste, cette vie n'est pas un état statique dans lequel on demeure pour passer ensuite à la suivante. Notre vie change à chaque seconde. Passer d'une vie à la suivante n'est qu'un des maillons de ce changement constant. Selon le bouddhisme, ce que nous faisons maintenant crée le moment suivant, et ainsi de suite. De la même manière, le moment de notre mort crée le moment suivant, qui dans ce cas peut être notre vie suivante. On l'appelle la vie suivante, mais en fait c'est uniquement une continuation du processus de changement. Une transformation est possible à chaque instant, car tout change à chaque instant. Il n'est pas nécessaire d'attendre une autre vie.

Deuxième partie

Le support de l'Éveil : la précieuse existence humaine

La deuxième des six conditions pour atteindre le nirvâna est ce qu'on appelle en tibétain le *tén*, traduit par Günther comme « la base de travail » et qui n'est autre, en fait, que notre précieux corps humain.

Si tous les êtres ont la nature de bouddha, certaines formes d'existence ne permettent pas de la développer et de la réaliser pleinement. Il serait théoriquement possible d'atteindre l'Éveil sous n'importe quelle forme d'existence, mais la meilleure est indiscutablement l'existence humaine. Si, à cette condition humaine, nous ajoutons cinq autres qualités, nous pouvons alors parler de « précieuse existence humaine ». De ces cinq conditions supplémentaires, deux sont relatives au corps et trois à l'esprit.

La première condition relative au corps est ce que l'on appelle en tibétain les huit libertés. Il s'agit des conditions qui permettent d'aborder la vie d'une façon libre et détendue. Gampopa cite un soutra qui énumère les huit états qui sont l'exact opposé des huit libertés :

— naître dans les enfers ;
— en tant qu'esprit avide ;
— comme animal ;
— en tant que dieu ;
— dans une région barbare ;
— affublé d'opinions totalement erronées ;
— dans un endroit où aucun bouddha n'est apparu ;
— enfin naître complètement stupide.

Si nous sommes prisonniers de l'un de ces huit états, nos chances de pratiquer le dharma sont quasi nulles, car nous serons alors trop absorbés par nos souffrances (états infernaux, esprits avides, animaux) ou nos plaisirs (états divins) pour avoir la moindre possibilité ou la moindre envie de pratiquer le dharma.

La condition humaine est idéale pour la pratique du dharma. Elle n'est certes pas exempte de souffrances, mais elle n'exclut ni les joies ni les satisfactions. Nous ne sommes pas totalement soumis à notre condition, et disposons d'une certaine liberté. La vue de la souffrance des autres nous incite à développer la compassion et nos propres souffrances nous motivent pour y trouver un remède.

Certains soutiennent que le royaume des enfers ou le royaume des dieux sont de véritables lieux où l'on se rendrait physiquement.

Dans le *Bodhisattvacharyâvatâra* [a], Shântideva demande :

Qui a délibérément fabriqué les engins de l'enfer ?
Qui l'a pavé de fer rouge ? Et ces goules, d'où
[sortent-elles ?

[a] *La Marche vers l'Éveil*, Shântideva, Éditions Padmakara, 1992.

pour ensuite répondre :

C'est de l'esprit mauvais que tout cela procède, a dit le [bouddha :
donc il n'y a que lui de redoutable au monde[a].

Surgissant de nos pensées négatives et de nos émotions perturbatrices, ces royaumes ne sont pas des endroits où l'on se rend. Ils n'existent que dans nos esprits. Il est dit que quelqu'un qui meurt l'esprit imprégné de haine renaîtra dans les enfers. Les enfers sont notre propre création et peuvent donc être partout, n'importe où. Nous avons l'impression qu'à l'inverse des autres mondes celui des humains est réellement existant. Pourtant, selon la philosophie bouddhiste, il n'y a aucune différence entre le royaume des enfers et le monde des humains. Tous les mondes ont la même nature, l'un n'est pas plus réel que l'autre. Le monde des humains nous semble plus réel car c'est celui que nous expérimentons. Cette expérience n'est cependant que le fruit de notre esprit.

La seconde condition relative au corps est ce qu'on appelle les « dix grandes possessions » ou encore les « dix grandes richesses ». Celles-ci sont divisées en deux groupes : les cinq premières que nous pouvons obtenir par nous-mêmes, et les cinq autres que nous pouvons acquérir grâce à autrui.

Les cinq richesses personnelles sont :
— être né en tant qu'être humain ;
— être né dans un lieu « central », ouvert, harmonieux, c'est-à-dire un endroit où l'on apprend à

[a] Chap. 5, « La garde de la vigilance », 7e strophe, p. 26.

distinguer le bien du mal, où l'on n'est pas totalement esclave des circonstances extérieures, où l'on jouit d'une certaine liberté, où l'on a accès aux enseignements du dharma et où l'on peut les pratiquer ;

— ne pas être gravement handicapé, incapable de comprendre et de communiquer ;

— être capable de distinguer le bien du mal et d'agir en conséquence ;

— ne pas mener une vie complètement négative, telle que faire la guerre, empoisonner des gens, etc.

Les cinq richesses qui nous viennent de l'extérieur sont :

— qu'un bouddha soit apparu dans ce monde ;

— que ce bouddha y ait donné des enseignements ;

— que ces enseignements soient encore vivants ;

— qu'il y ait encore des gens qui suivent ces enseignements ;

— et que nous ayons la possibilité d'entrer en contact avec eux.

Étant doté d'un précieux corps humain, réfléchissons soigneusement pour voir si nous possédons ou non ces huit libertés et ces dix grandes richesses. Si ce n'est pas le cas, efforçons-nous de créer ces conditions.

Si nous les possédons toutes, nous pouvons alors nous réjouir et les mettre à profit pour pratiquer le dharma avec détermination, en comprenant que c'est la voie qui nous permettra de mettre un terme définitif à toute souffrance et à toute confusion, ainsi que d'apporter de l'aide à tous les êtres.

Le Bouddha illustra l'extrême difficulté d'acquérir un précieux corps par l'exemple suivant :

« Supposons, dit-il, une tortue aveugle qui remonte à la surface de l'océan tous les mille ans et un joug continuellement ballotté par les vagues. Quelle chance a la tortue de passer la tête par le trou de ce joug au moment où elle arrive à la surface ? »

Un disciple répondit : « Cette chance est quasi nulle ! »

Le Bouddha souligna alors qu'il est tout aussi difficile de réunir toutes les conditions pour obtenir un précieux corps humain.

Le privilège de réunir toutes les conditions pour pratiquer le dharma et d'avoir les dix grandes richesses est le résultat direct d'une accumulation de mérites provenant de nos actions positives. Ce n'est pas un hasard, mais le résultat de longs efforts. Il serait dès lors insensé de gaspiller cette chance unique. Il se peut que nous devions attendre plusieurs centaines d'années avant d'obtenir à nouveau une telle existence humaine.

Selon le bouddhisme, il y a des centaines, des milliers de types différents de personnes. À chaque type correspond une approche, une voie, une méthode différentes. Ces types différents ont été regroupés par Atisha Dipankara, et d'autres enseignants éminents, en trois catégories, ou trois niveaux, en fonction de leur motivation, de leur manière de voir la vie, de leur force et de leur énergie.

La première catégorie regroupe les « personnes de petite envergure », celles à l'esprit assez étroit et qui manquent d'énergie. Elles pensent de la façon suivante : « Si j'agis bien, je serai récompensé. Essayons donc d'accumuler des actions positives afin d'obtenir une agréable vie présente, et d'agréables vies futures. » Elles utilisent dès lors leur volonté, leurs talents et leur compréhension en vue du confort et du succès en cette vie. Leur motivation est purement mondaine et elles n'envisagent pas de sortir du samsâra. Elles sont ce que nous appelons les « petites personnalités ».

La deuxième catégorie regroupe les « personnes de moyenne envergure », celles qui ont plus d'énergie. Elles ont compris qu'elles souffriront tant qu'elles demeureront dans le samsâra et que, quel que soit le degré de confort dont elles puissent temporairement jouir en son sein, ce confort restera précaire et ne parviendra jamais à les satisfaire. Ces « personnalités intermédiaires » désirent sortir du samsâra, mais dans un but purement égoïste, pour trouver un bonheur individuel plus durable.

La troisième catégorie, la plus évoluée, regroupe les « grands êtres » qui désirent échapper au samsâra tout en aidant tous les autres êtres à en faire autant. Ce sont les plus énergiques. Gampopa nous conseille d'essayer d'appartenir à cette troisième catégorie. Nous ne devons pas nous contenter de jouir des agréments de ce monde. Simplement vouloir se débarrasser des souffrances du samsâra ne suffit pas, nous devons en plus développer la volonté de libérer tous les êtres de toute souffrance. Les intentions, les objectifs des personnes de cette troisième catégorie sont tellement vastes et illimités qu'elles sont appelées les grands êtres.

Ces trois types de personnes ne sont pas fondamentalement de niveaux différents. Ce qui les distingue est l'amplitude de leurs intentions, de leurs buts, de leurs objectifs. Les personnes de la troisième catégorie, dont les buts sont les plus élevés et dont la personnalité est la plus évoluée, sont plus proches d'atteindre l'Éveil. Celles dont les objectifs sont plus étroits en sont plus éloignées.

En pratique, la plupart des gens s'intéressent d'abord au dharma pour essayer de se libérer des perturbations émotionnelles de tous les jours, pour trouver une certaine tranquillité, une certaine paix dans leur vie. Le dharma leur apporte effectivement une réponse, sans que ce soit là son but principal. Cependant, même ceux qui suivent cette voie avec un objectif initialement limité arriveront progressivement au même résultat que ceux qui l'ont dès le départ suivie avec un but plus élevé. En effet, en cherchant le bonheur et la paix dans cette vie, on réalisera progressivement que cette recherche ne peut être totalement satisfaite sans une compréhension plus profonde des situations de l'existence, sans une manière plus vraie d'appréhender, de gérer les émotions. Nous en venons à réaliser la nécessité d'une voie qui ne se contente pas d'aborder les problèmes un par un pour ne trouver que des solutions isolées, mais qui fournisse au contraire une solution globale, profonde, qui aille jusqu'à la racine de tous nos problèmes. En poursuivant cet objectif, on trouve alors le vrai dharma.

Ces trois catégories, loin d'être aussi statiques que les textes le laissent supposer, peuvent donc être fluides et changeantes.

Après les deux types de conditions qui affectent le corps, nous arrivons maintenant aux trois conditions qui affectent favorablement l'esprit. Il s'agit des trois types de « foi ».

Le premier type est la « foi de l'appréciation ». Ce premier degré de la foi est celui qui surgit dans un esprit réceptif impressionné par l'écoute d'un enseignement ou la vue de quelque chose de très saint ou de très pur.

Le deuxième type est la « foi du », qui naît de la rencontre avec quelqu'un qui nous inspire, telle la rencontre d'un bouddha, qui donne l'envie de lui ressembler.

Le troisième type est le niveau le plus élevé de la foi, qu'on appelle la « foi de la confiance ». Ce n'est pas une foi aveugle, bien qu'il s'agisse d'une foi complète. C'est la confiance qui vient de la compréhension. Si nous avons une compréhension totale, nous ne pouvons que développer une foi totale.

La foi, sous l'une ou l'autre de ces trois formes, constitue la base de toute pratique du dharma et c'est pourquoi Gampopa les explique plus en détail.
Il est important de bien comprendre que lorsqu'on parle de foi dans le bouddhisme, il s'agit essentiellement de la foi qui naît de la compréhension. La foi aveugle n'est pas du tout encouragée, bien que certaines personnes abordent le bouddhisme par ce biais. Il est alors conseillé à ces

dernières d'étudier le dharma pour approfondir leur compréhension et établir leur engagement sur une base plus stable. Sans la foi de la compréhension, nous restons entravés par le doute et nous ne savons pas vraiment ce que nous faisons.

Troisième partie

La cause circonstancielle de l'Éveil : l'ami spirituel

La troisième condition pour atteindre l'Éveil est la rencontre d'un ami spirituel.

Il s'agit de l'ami qui ne nous lâche jamais, même dans les ennuis, et qui va nous guider dans la bonne direction.

Ce qui nous enchaîne au samsâra, c'est notre habitude bien ancrée de toujours suivre la mauvaise direction et des schémas erronés. Pour nous aider, nous protéger, nous encourager à les abandonner complètement et nous guider dans la bonne direction, nous avons besoin de quelqu'un de fort, d'un ami sur qui nous puissions compter.

Sans une aide sérieuse pour surmonter sa dépendance, un drogué ou un alcoolique n'aura que peu de chances de s'en sortir. De même, sans un guide expérimenté en qui nous pouvons faire toute confiance, nous aurons bien du mal à nous défaire des schémas samsariques auxquels nous sommes profondément accoutumés.

Les raisons pour lesquelles il est nécessaire d'avoir un ami spirituel

Gampopa justifie la nécessité de suivre un ami spirituel par trois arguments.

Le premier s'appuie sur l'autorité des écritures, c'est-à-dire sur les paroles du Bouddha, qu'il cite à plusieurs reprises :

Les bons disciples vertueux qui respectent les maîtres spirituels devraient toujours suivre des maîtres accomplis. C'est grâce à ces derniers qu'ils parviendront à l'accomplissement (a).

Et encore :

Ainsi le grand bodhisattva qui veut devenir bouddha dans l'Éveil authentique et parfait doit d'abord approcher un ami de bien, le suivre et le servir (b).

Le Bouddha a souvent répété que *le point de départ du bon chemin est la rencontre d'un bon ami spirituel.* Mal guidés, en mauvaise compagnie, nous tombons dans de mauvaises habitudes.

Un des trois refuges est la communauté des pratiquants du dharma, la *sangha,* dont font partie les amis spirituels. Ce sont eux qui vont nous aider, nous encourager et être l'exemple à suivre. En prenant refuge dans la sangha, nous accordons notre confiance à de tels amis spirituels : ils deviennent nos guides et nos exemples.

---

[a] *Prajnâpâramitâsamcayagâthâ* – Prajnaparamita abrégée.
[b] *Astasâhasrikâ-prajnâpâramitâ* – Prajnaparamita en huit mille stances.

Le deuxième est d'ordre logique. Si nous désirons sincèrement mettre un terme à la souffrance, vivre correctement et atteindre l'Éveil, il n'y a aucun moyen d'y parvenir sans l'aide d'un guide spirituel adéquat. Sans lui, nous ignorons quelle voie mène à l'Éveil. Pour trouver le chemin, nous devons d'abord trouver quelqu'un qui l'a déjà parcouru. Sans un guide approprié, comment trouver la voie ?

Le troisième argument est en fait une illustration de l'utilité de l'ami spirituel. Gampopa nous en donne de nombreux exemples. Ainsi, si nous traversons un désert sans un guide, nous tournerons en rond, perdus dans l'immensité des sables. De même, sans un capitaine pour traverser l'océan, nous n'atteindrons sans doute pas l'autre rive. Nous avons donc tout autant besoin d'un guide spirituel pour traverser l'océan du samsâra et atteindre la rive de l'Éveil.

Les différentes catégories d'amis spirituels

Gampopa distingue quatre catégories d'amis spirituels. La première regroupe les amis spirituels qui sont des humains ordinaires [11], la deuxième les bodhisattvas qui ont atteint un haut degré de développement spirituel [12]. Viennent ensuite les émanations des bouddhas, et enfin les bouddhas du *sambhogakâya* [13], qui peuvent aussi se manifester comme des amis spirituels.

Seules des personnes d'un haut degré de développement spirituel ayant accumulé beaucoup de karma positif peuvent voir et entrer en contact avec les amis spirituels des trois dernières catégories. La seule catégorie de maîtres accessible à des gens ordinaires comme nous est la première, celle des maîtres qui ne sont pas totalement éveillés, mais qui sont sur le chemin. Il s'agit de personnes qui sont plus ou moins comme nous, mais qui ont déjà un certain entraînement, un certain niveau de pratique spirituelle sérieuse. Ce genre de maître ou d'ami spirituel est adéquat pour les étudiants du premier niveau.

La troisième catégorie regroupe les émanations d'un bouddha. Selon les écritures du bouddhisme *mahâyâna*, le Bouddha Shakyamouni lui-même est considéré comme l'émanation d'un bouddha. Il est ce qu'on appelle une forme du *nirmânakâya* [14]. On distingue différentes formes de nirmânakâyas, ou différentes émanations des bouddhas car ils peuvent apparaître sous n'importe quelle forme utile au bien des êtres et partout où cette aide peut être nécessaire. Les corps de manifestation d'un bouddha sont de trois types : manifestation suprême comme le Bouddha Shakyamouni ; manifestation par la naissance pouvant prendre différentes formes humaines, animales, etc. ; manifestation « artisanale », formes créatives, animées ou inanimées.

La dernière catégorie de maîtres regroupe de vrais bouddhas, qui ont atteint le parfait Éveil.

Comme ces trois derniers types de maîtres ne nous sont pas accessibles, nous allons plutôt nous concentrer sur le premier type, le niveau ordinaire de maître ou d'ami spirituel.

Les qualités de l'ami spirituel ordinaire

En fonction des textes, il y a huit, quatre ou deux qualités qui sont considérées comme essentielles. Selon un texte intitulé *Les Terres du bodhisattva* [a], l'enseignant ou le guide spirituel doit avoir huit qualités particulières :

— il doit tout d'abord vivre selon les préceptes et les vœux d'un bodhisattva ;

— il doit avoir étudié en profondeur les enseignements de la voie des bodhisattvas ;

— sa compréhension ne doit pas être purement intellectuelle mais profonde, il faut qu'il ait acquis une expérience véritable des enseignements ;

— il doit éprouver une compassion sincère envers tous les êtres ;

— il doit également être intrépide, faire preuve de beaucoup de courage, non seulement dans ses propres actions, mais aussi lorsqu'il enseigne aux autres ;

— il doit être tolérant et patient avec ses étudiants et leur pratique ;

— il doit être tenace et ne se laisser emporter ni par le découragement ni par la déception. Voici une anecdote à ce sujet : le monastère de Dodrouptchèn Rimpotché à Gangtok comptait de nombreux moines, et principalement des moines bouthanais. Dodrouptchèn Rimpotché fit venir un *khenpo*, un grand érudit, originaire du Kham, une province orientale du Tibet, pour donner cours aux moines. Pendant deux ans, il donna cours tous les jours, matin et soir. Ce n'est qu'au bout de ces deux années qu'il se rendit compte que ses étudiants parlaient un autre dialecte que le sien et qu'ils n'avaient absolument rien compris de ses enseignements !

---

[a] Tib. : *byang sa* (prononcé « ṭchang sa »). Sans. : *Bodhisattvabhûmi.*

Profondément déçu, il laissa tout tomber et retourna au Tibet. C'était un excellent professeur, mais il n'avait pas la ténacité inébranlable définie comme qualité indispensable par ce soutra ;

— finalement, il doit être en mesure de communiquer efficacement avec ses étudiants.

Dans certains autres textes, le *Mahâyana Sûtrâlankâra* par exemple, quatre qualités sont décrites. Tout d'abord, l'enseignant doit être très érudit, ses connaissances doivent être très vastes. Ensuite, il doit avoir une profonde « sagesse analytique », lui permettant de dissiper les doutes de ses élèves. De plus, sa conduite doit être parfaitement vertueuse et intègre, de manière à mériter les louanges et la confiance de tous. Finalement, il doit être en mesure d'indiquer ce que sont les problèmes, les émotions perturbatrices, les aspects négatifs de la vie, et quels sont les moyens de les éviter. L'enseignant qui a toutes ces qualités est un enseignant authentique.

Dans le *Bodhicharyâvatâra* de Shântideva, seules deux qualités sont retenues. L'enseignant doit être très versé dans les enseignements qui ont trait aux pratiques des bodhisattvas. Il doit en outre les pratiquer personnellement et être prêt à donner sa vie plutôt que de les abandonner.

La relation maître-disciple

Lorsqu'on a trouvé un guide qui présente les qualités énumérées précédemment, il y a trois manières de se comporter avec lui. D'abord, nous devons lui montrer notre respect et essayer de lui être utile, ce que nous pouvons faire de trois façons.

— la première est de lui offrir des commodités matérielles, l'hospitalité, de la nourriture, des offrandes, etc. ;

— la deuxième est de lui témoigner respect et dévotion ,

— la troisième, c'est notre pratique.

Des trois, c'est cette dernière qui a le plus de valeur. La meilleure récompense des efforts d'un maître est l'inspiration suscitée chez ses étudiants et le bénéfice qu'il leur a apporté.

Pour pouvoir pratiquer correctement, nous devons écouter attentivement ses instructions. Il ne faut jamais avoir peur de lui poser des questions. Le plus important est d'éliminer tous nos doutes, de clarifier tout ce qui nous semble obscur, de manière à pratiquer avec un esprit clair. Il ne s'agit pas de se contenter d'un vague aperçu de la vérité ou de n'en retenir que ce qui nous convient, mais, au contraire, d'approfondir les enseignements jusqu'à en avoir une compréhension complète. Il ne faut pas uniquement écouter ce que nous aimons et comprenons ou ce qui nous est familier. Il importe d'être constamment attentifs, avec un esprit totalement ouvert. Ce n'est qu'à cette condition que nous recevrons tout ce que les enseignements peuvent nous offrir.

Le problème, c'est que nous avons tous des idées préconçues. Dès que nous entendons quelque chose qui coïncide avec nos préjugés, nous pensons : « Voilà une idée fort intéressante. C'est très plaisant. » Quand nous entendons quelque chose qui va à l'encontre de nos idées, opinions et croyances, soit nous déformons ce que nous entendons de manière à l'harmoniser avec ce que nous avons en nous, et nous nous disons alors : « Voilà, c'est comme cela qu'il faut le comprendre ! », soit nous le rejetons, en pensant : « C'est incompréhensible. » Ce n'est pas une approche correcte pour un étudiant qui désire sincèrement apprendre. Un étudiant sérieux doit ouvrir complètement son esprit et essayer de comprendre les enseignements tels qu'ils sont, sans les déformer.

Finalement, nous devons montrer notre compréhension des enseignements en nous appliquant à leur étude.

Remarquons enfin qu'une pratique fructueuse est le plus grand don que nous puissions faire à notre ami spirituel car plus nous pratiquons, mieux nous pratiquons, plus nous confirmons ses qualités d'enseignant. La tradition tibétaine attache beaucoup d'importance à ce qu'on appelle la « lignée de transmission », comme celle du Mahâmudrâ par exemple. Le « détenteur de la lignée » est la personne qui forme les meilleurs étudiants. Un maître très réalisé et très accompli ne sera pas nécessairement le détenteur de la lignée, c'est le meilleur enseignant qui le deviendra.

Souvent, on se demande s'il est possible de savoir si un enseignant nous convient personnellement, s'il est en mesure de le savoir lui-même et comment lui demander de devenir notre lama. Tout dépend de la qualité et du degré de réalisation de l'enseignant. Les meilleurs sont en mesure de comprendre ce qui se passe dans l'esprit de l'étudiant, mais ils sont très rares. Parfois, on a une relation karmique si forte avec un enseignant que le simple fait d'entendre son nom suffit à nous remplir de dévotion. Tel fut le cas de Milarepa lorsqu'il entendit le nom de Marpa, et de Gampopa lorsqu'il entendit celui de Milarepa. Si nous éprouvons une dévotion, une foi, une sympathie très forte pour quelqu'un, peut-être avons-nous une certaine relation karmique avec lui ou elle et pouvons-nous lui demander de devenir notre lama.

Cependant, de manière générale comme d'après

les textes bouddhistes, la première chose à faire est de vérifier si l'enseignant est authentique en se référant aux qualités énumérées plus haut. Trouver un maître parfait est sans doute rare et difficile, mais si nous trouvons un enseignant réunissant la plupart de ces qualités, nous pouvons lui demander de devenir notre guide. S'il n'a que peu de qualités, peut-être est-il plus sage de s'abstenir. Il importe toutefois de se rappeler que, quelque élevées que soient les connaissances et qualités du maître choisi, c'est en définitive l'étudiant qui doit apprendre et pratiquer. Ses propres études et sa pratique sont l'élément le plus important.

L'intérêt de recevoir les enseignements de la bonne manière

Gampopa compare l'attitude correcte d'un étudiant sincère à celle d'un malade soucieux de guérir au plus vite. L'ami spirituel, l'enseignant, est le médecin et l'enseignement le traitement. Comprendre et pratiquer le dharma revient à suivre un traitement et à prendre ses médicaments.

Dans le *vajrayâna*, il est souvent dit que les disciples doivent avoir une confiance totale, illimitée, dans leur maître, ce qui inquiète certains. Cela doit être correctement compris. Il est vrai que nous serons d'autant meilleur étudiant que notre vision du maître sera plus pure. Il est dit que si l'on voit son maître comme un bouddha, on deviendra un bouddha, si on le considère comme quelqu'un de très doué, un grand érudit ou un grand saint, on deviendra un grand érudit ou un grand saint, et que si on ne le voit pas différent de soi, on restera tel quel. La « bénédiction » reçue du lama a une signification profonde. Elle signifie en fait qu'une transformation s'opère en nous. Par la présence du lama, par ses enseignements, sa réalisation, nous changeons, nous nous améliorons. C'est le vrai sens du mot « bénédiction ». Le lama nous transmet des enseignements, une inspiration, qui font naître en nous la dévotion, qui nous ouvre et nous transforme. Selon nos propres capacités, notre propre réceptivité, nous recevrons une plus ou moins grande bénédiction. C'est pour cette raison qu'une très grande importance est donnée au choix du maître. Si notre examen, notre jugement critique, est faussé, nous serons perdus. Trouver le maître qui convient est ce qu'il y a de plus important dans une vie. Lorsqu'on l'a trouvé, on a déjà accompli la moitié du chemin.

Il ne faut choisir un maître que si nous sommes convaincus que c'est celui qui nous convient personnellement. Si tel est le cas, il n'exigera de nous rien de répréhensible. S'il nous donne des instructions que nous ne comprenons pas, même si elles peuvent nous être bénéfiques à long terme, ou si nous ressentons que ce qu'il nous demande n'est pas correct, les textes disent clairement qu'en pareil cas nous pouvons refuser et dire à notre maître que nous nous sentons incapables de faire ce qu'il nous demande. Il n'est nullement obligatoire d'obéir aveuglément à notre maître.

En suivant la voie du bodhisattva, chacun doit avancer à son rythme, selon son propre niveau. Un bodhisattva accompli devrait, certes, être capable de donner tout ce qu'il possède et jusqu'à sa propre vie au profit des autres. Cela ne signifie toutefois pas qu'ayant pris les vœux de bodhisattva nous devions aussitôt être capables de sacrifier notre vie pour autrui ! Ce n'est pas cela. Les textes disent que si l'on n'éprouve pas de grand regret à donner un bol de curry, il faut le donner. Quand ce qu'on ressent pour son corps n'est pas différent de ce qu'on ressent pour un bol de curry, on peut tout aussi bien donner son corps si nécessaire ! C'est ainsi qu'on procède, progressivement. De même, si notre maître nous demande quelque chose qui nous semble hors de portée, nous pouvons alors lui expliquer que nous ne sommes pas préparés à agir comme il nous le demande. Si notre maître n'accepte pas cela, c'est sans doute qu'il n'est pas le maître qui nous convient.

S'il est essentiel de bien choisir son maître, il ne faut pas non plus prendre trop de temps avant de se décider. On raconte ainsi l'histoire d'un empereur chinois qui invita à sa cour un grand lama tibétain, Sakya Pandita. Quand il arriva, l'empereur annonça qu'il devrait l'examiner pour juger s'il était digne de devenir son maître. Il l'observa pendant trois ans et lui fit savoir qu'il l'acceptait comme maître. Sakya Pandita lui répondit alors qu'il devait à son tour examiner s'il pourrait accepter l'empereur comme disciple. Il mourut avant d'avoir donné sa réponse...

Quatrième partie

La méthode, les instructions de l'ami spirituel

Même en ayant réuni les trois premières conditions, il nous faut bien constater que posséder la nature de bouddha, un précieux corps humain et un ami spirituel ne suffisent pas, hélas, à faire immédiatement de nous des êtres éveillés, des bouddhas. Pourquoi ? Gampopa mentionne quatre obstacles qui nous empêchent de réaliser l'Éveil.

Les trois premiers obstacles sont respectivement : un attachement excessif à cette vie, aux plaisirs du samsâra et à la paix du nirvâna.

Le quatrième est l'ignorance de la voie qui mène à l'état de bouddha. Les instructions de l'ami spirituel doivent cependant nous permettre de les surmonter tous les quatre.

À chaque obstacle correspond un antidote spécifique. Méditer sur l'impermanence nous permet de ne pas trop nous attacher aux expériences de cette vie. Comprendre et contempler la nature du samsâra et la souffrance qui lui est inhérente, le karma et ses résultats nous aident à diminuer notre attachement aux plaisirs sensuels de ce monde. En développant l'amour et la compassion, nous pouvons surmonter l'obsession égoïste d'échapper seuls au samsâra pour atteindre la paix de la méditation et du nirvâna. Nous devons en effet essayer d'atteindre l'Éveil en vue d'aider tous les êtres. Enfin, développer la bodhicitta dissipe notre ignorance quant à la manière de devenir des bouddhas.

Ces quatre sujets regroupent toutes les instructions du Bouddha et des maîtres. De ces quatre recommandations, la dernière est la plus importante. En effet, selon le bouddhisme mahâyâna, la bodhicitta englobe toutes les méthodes, toutes les techniques de la voie bouddhiste. Les moindres aspects des différents enseignements sont en relation soit avec la cause de la bodhicitta, soit avec la manière de l'atteindre, soit avec ses résultats ou avec la bodhicitta elle-même. Il n'y a pas d'enseignement bouddhiste qui ne soit, d'une manière ou d'une autre, lié à la bodhicitta.

Le Bouddha a dit que tout ce qui est composé est impermanent. Tout ce qui n'est pas d'une substance unique mais qui est constitué d'éléments différents doit, de par sa nature même, se décomposer. Or il apparaît qu'il s'agit d'une loi naturelle : il n'existe aucune substance qui serait de nature non composée. Par conséquent, tout dans ce monde est impermanent. On peut en conclure que tout ce qui est né mourra, ce qui a été accumulé sera dispersé, ce qui a été construit tombera en ruine et que ceux qui se rencontrent seront tôt ou tard séparés. Il n'est rien de composé qui ne change. C'est pourquoi nous devons comprendre que tout est impermanent. Contempler l'impermanence est en fait considéré comme la meilleure des méditations. Le Bouddha a dit à ce sujet :

De toutes les empreintes, celles de l'éléphant sont les plus larges et les plus profondes. De même, de toutes les méditations, celle sur l'impermanence est la plus forte et la plus bénéfique.

Si nous comprenons l'impermanence à son niveau le plus profond, nous comprendrons aussi la philosophie de la vacuité (shûnyatâ), car il s'agit de la même chose. Si nous comprenons l'interdépendance, nous comprenons aussi ce qu'est le karma, c'est-à-dire la loi d'action et de réaction. Si nous avons une compréhension profonde de l'impermanence et de l'interdépendance, nous comprenons aussi la notion de renaissance, de vies qui se succèdent.

Un autre résultat de cette compréhension de l'impermanence sera de faire de nous des personnes moins attachées à notre vie actuelle, et donc moins malheureuses, plus faciles à vivre et plus détendues. En effet, la plupart des problèmes de ce monde proviennent de l'idée de permanence. Pourquoi nous battons-nous les uns contre les autres ? Pourquoi tant de conflits entre les religions, les pays, les hommes, etc. ? C'est que nous croyons les situations durables et que nous nous percevons nous-mêmes comme permanents. Tout nous semble susceptible de rester tel quel pour très longtemps et de là naît notre impression de devoir nous battre pour changer les situations par la force et gagner des gens à notre cause. Si nous comprenions vraiment l'impermanence, nous n'agirions pas ainsi. Lors d'une conférence interreligieuse sur la paix à Delhi, un orateur remarqua que si les leaders mondiaux, les politiciens, les chefs religieux, mettaient plus l'accent sur l'impermanence, il n'y aurait plus de conflits et les guerres disparaîtraient sans doute. Je crois qu'il avait raison.

Il existe différentes méthodes pour méditer sur l'impermanence.

La première est de contempler l'impermanence du monde extérieur en allant du général au particulier, de l'infiniment grand à l'infiniment petit. Pensons au monde, à la manière dont il a changé depuis son origine, à sa formation, à son évolution, et comment il finira par se désintégrer : cette terre, le soleil, la lune, tout sera un jour complètement détruit. Même les galaxies, les planètes, les étoiles, sont en devenir, naissent, évoluent et meurent.

Il n'y a pas que les grands changements, il y a aussi une multitude de petits changements comme celui des saisons, la succession des jours et des nuits, du soleil et de la pluie. Le temps ne marque jamais de pause. Chaque moment apporte du nouveau. Rien ne reste immobile dans l'espace, tout change dans le temps. Contempler et comprendre cette mouvance, c'est méditer sur l'impermanence du monde extérieur.

Envisageons maintenant les êtres qui peuplent cette terre : eux aussi sont impermanents. Nous les voyons naître, vieillir et mourir, ce qui devrait nous rappeler notre propre impermanence. La mort est l'exemple le plus frappant de la manière dont l'impermanence se révèle à nous. La contemplation de la mort nous aide à réaliser l'impermanence dans toute son ampleur. Tout le monde, absolument tout le monde, doit mourir. S'il n'y a aucune certitude quant au moment de la mort, il n'y a aucun doute que rien au monde ne peut empêcher ce processus. Il est important de se rappeler que l'on peut mourir à tout instant. Nagarjuna a un jour remarqué : « Si j'expire et que je n'inspire plus, je suis mort ! C'est merveilleux de penser que même lorsque je dors la nuit, je n'arrête pas de respirer et que le matin, je suis toujours en vie et je me lève. »

Et c'est vrai, la vie est à ce point précaire que si nous expirons et n'inspirons pas ensuite, nous sommes morts.

Nous pouvons aussi appréhender la fragilité de notre existence en nous rappelant que notre corps est composite et très instable. Notre espérance de vie décroît à chaque instant et rien ne vient l'augmenter ! Comme une flèche décochée par un archer, elle continue sa trajectoire vers la cible sans s'arrêter. Ainsi chaque seconde qui passe nous rapproche inexorablement de notre fin.

Si les causes qui peuvent entraîner la mort sont nombreuses, en revanche bien peu favorisent le maintien de la vie. Même les facteurs qui prolongent en général notre durée de vie (comme les médicaments et la nourriture) peuvent aussi parfois causer notre mort. La vie est précaire, puisque nous pouvons mourir à tout instant. La jeunesse, une bonne santé, une position sociale enviable, la fortune, de nombreux amis, la popularité ne sont pas des garanties contre la mort. Rien de tout cela ne pourra nous prémunir contre elle. Nous devons comprendre et accepter que lorsqu'elle survient rien ne peut l'arrêter, aucune force physique ou psychique. Nos actions ne doivent dès lors pas uniquement viser le bien-être de notre corps dans cette vie, mais avoir une portée à beaucoup plus long terme. Il n'y a aucun doute que notre vie nous mène à sa fin et que nous allons mourir. Tenter de l'ignorer serait folie. C'est la réalité et il est préférable de l'affronter.

Trop souvent les gens considèrent que penser à la mort est sinistre et déprimant, que mieux vaut ne pas en parler, ni même y penser. Certains vont jusqu'à croire qu'en parler porte malchance. La mort d'autrui nous effraie et nous insécurise parce qu'elle nous rappelle ce que nous savons tous, même si nous voulons l'oublier. Pourtant, nous pencher davantage sur le sujet ne nous rendra pas malheureux, bien au contraire : nous serons plus sereins parce que mieux à même de l'affronter et de nous comporter en conséquence au quotidien.

Laissez-moi vous raconter une petite histoire à ce sujet.

Durant la vie du Bouddha, une famille très unie perdit soudainement un fils déjà marié. Tous les voisins vinrent présenter leurs condoléances, pensant trouver la famille en plein deuil. Ils découvrirent avec surprise que, loin d'être plongés dans une grande douleur, tous semblaient parfaitement sereins. Les parents vaquaient à leurs occupations habituelles, l'épouse était partie chercher de l'eau à la rivière en chantant, comme d'habitude. Les voisins furent choqués : « Nous pensions vous trouver dans la souffrance du deuil mais vous semblez encore plus heureux que d'habitude ! » Chacun répondit à sa manière : « Sachant que tout est impermanent et que nous sommes réunis dans cette famille pour un court moment, nous essayons d'avoir d'excellentes relations entre nous, nous nous respectons mutuellement, nous sommes bons les uns envers les autres. Pendant ce temps qui nous est donné de vivre ensemble, nous nous aimons tous fort les uns les autres. Nous savons que la séparation viendra tôt ou tard. C'est pourquoi nous sommes tellement compréhensifs les uns envers les autres. N'ayant jamais fait aucun tort au mort de son vivant, ne l'ayant jamais blessé – et lui pas davantage –, nous n'avons aucun regret. Nous savons qu'il va son chemin, selon son propre karma. Nous sommes très heureux de ne jamais lui avoir nui. Il n'est rien que nous puissions regretter. Nous pouvons donc nous séparer avec beaucoup d'amour. C'est pour cette raison que nous sommes très heureux et que notre deuil est serein. »

Cette simple histoire montre bien que la compréhension de l'impermanence et de la mort ne rendra personne malheureux, bien au contraire.

Beaucoup de personnes qui ont été très proches de la mort et en sont revenues disent que cette expérience leur a permis de mieux apprécier la vie en leur ayant fait comprendre l'impermanence. Si nous ne sommes pas confrontés à la mort, nous n'apprécions pas la vie. Nous accordons tant d'importance à nos petits problèmes quotidiens que nous en oublions la valeur de la vie elle-même. Face à la mort, ces petits problèmes sont tellement insignifiants !

Si nous avons vraiment compris et réalisé que tout ce qui est composé est impermanent et transitoire, notre attachement à cette vie ira en diminuant et notre foi dans le dharma ira, en revanche, croissant. Nous aurons envie de pratiquer avec diligence la voie qui nous mènera hors des souffrances du samsâra. Accessoirement, nous deviendrons plus sages, plus larges d'esprit et plus ouverts. Nous ne ferons plus une montagne de broutilles. Nous ne nous engagerons plus dans des disputes mesquines qui témoignent d'un esprit étroit et susceptible. Nous prendrons moins au sérieux les hauts et les bas tant du bonheur que du malheur. En bref, cette vision plus claire et plus détachée du monde, du samsâra, diminuera nos perturbations et nos problèmes psychologiques.

Certains demandent si ceux qui ont fait une expérience de proximité de la mort [a] sont ou non entrés dans ce que l'on appelle dans le bouddhisme

[a] *NDE (Near Death Experiences).*

tibétain le « bardo de la mort » – le « bardo de la mort » est la période au cours de laquelle les éléments physico-psychiques qui constituent l'individu se dissolvent progressivement. Il n'y a pas de réponse univoque à ce sujet. Il est important de relever que, d'un point de vue bouddhiste, il n'est presque rien auquel on puisse répondre simplement par oui ou par non. Nous disons habituellement qu'une personne peut aller jusqu'à ce qu'on appelle la mort physique, à savoir la dissolution des éléments (terre, eau, feu, air). À ce stade on peut encore revenir. Il y a ensuite ce qu'on appelle la mort intérieure qui correspond à la dissolution de toutes les pensées, de tous les facteurs mentaux. Ce processus terminé, il est dit que la personne ne peut plus revenir.

Certaines histoires de transfert de conscience d'un corps à un autre rendent cependant les choses plus difficiles encore à déterminer. On raconte notamment l'histoire suivante :

Il y avait au Tibet un saint homme du nom de Do Khyentsé, un yogi qui avait atteint un très haut niveau de réalisation spirituelle. Sa conduite fort peu conventionnelle laissait bien des gens perplexes et certains moines sceptiques pensaient qu'il était tout simplement fou. Deux d'entre eux décidèrent de le mettre à l'épreuve. Ils se mirent sur le chemin de Do Khyentsé. L'un fit semblant d'être mort et l'autre se précipita vers le yogi, le suppliant, en larmes, de pratiquer *powa* (c'est-à-dire le transfert de conscience) pour son malheureux camarade qui venait de se noyer.

Le yogi acquiesça et, sans faire le moindre rituel ou la moindre prière, claqua simplement des doigts avant de continuer sa route.

Le moine revint vers son ami en riant et lui cria de

loin qu'il pouvait se lever, que Do Khyentsé n'était vraiment qu'un charlatan sans le moindre pouvoir, sans la moindre connaissance. Mais son ami ne se releva pas. Le moine eut beau le secouer, il était bien mort ! Très effrayé, il rattrapa le yogi en courant, se jeta à ses pieds, confessant son erreur, sa stupidité et son aveuglement et le suppliant de ramener dans son corps la conscience de son ami. Le yogi renversa alors le contenu de la pipe qu'il était en train de fumer sur le front du mort qui se redressa bientôt. Celui-ci reprocha amèrement à son ami de l'avoir ramené en ce bas monde, alors qu'il se rendait vers un lieu magnifique !

Il est donc peut-être possible malgré tout de quitter son corps pour ensuite y revenir...

I.

Le samsâra

Certains se disent que peu importe la mort puisqu'ils auront une autre vie et que, pour peu qu'ils n'aient rien fait de vraiment grave, leur situation va s'améliorer. Ils vivent leur vie sans soucis, et même la mort ne les inquiète pas. Cependant Gampopa nous met en garde : où que nous prenions naissance lors de nos prochaines vies, même si c'est le monde des dieux, nous n'obtiendrons pas pour autant le bonheur complet. En effet, le bonheur parfait n'est accessible à aucun niveau du samsâra. Celui-ci est souffrance par définition.

Le samsâra est un état d'esprit caractérisé par la présence, à des degrés divers, de trois types de souffrance.

La première forme de souffrance, ce que nous appelons en tibétain *kyap pa du tché tchi douk ngèl*[15] », est ce que Günther traduit par « souffrance de l'existence conditionnée ». Une traduction littérale serait plutôt « la souffrance inhérente à ce qui est composé ».

La plupart des gens ne se rendent même pas compte de cette souffrance. Tentons de l'expliquer. Tout change à chaque instant, mais nous sommes conditionnés à croire le contraire. Nous nous agrippons à cette croyance, pensant qu'elle apporte bonheur et sécurité. Pourtant, même les choses auxquelles nous nous agrippons le plus, celles qui semblent nous apporter le plus de stabilité, sont elles-mêmes éphémères. Nous ne sommes pas libres mais conditionnés et englués dans notre propre karma. Nous sommes contrôlés sans cesse à notre insu par d'innombrables causes et résultats que nous avons créés nous-mêmes. N'ayant pas le contrôle, ni même conscience du phénomène, nous ne pouvons y échapper. Cette absence de liberté nous empêche de jouir d'un bonheur total.

Le deuxième type de souffrance est appelé la « souffrance du changement[16] ». Il s'agit de l'angoisse qui accompagne notre anticipation du changement, qu'il soit négatif ou positif. Goûtant une situation idéale dans un endroit idyllique, nous redoutons déjà le changement. Tout en appréciant un moment de bonheur, notre esprit craint déjà de le perdre, ce qui est en soi une souffrance.

Le troisième type de souffrance n'est autre que la « souffrance de la souffrance [17] ». C'est la « vraie » souffrance, celle qui nous assaille lorsque nous sommes malades, que nous sommes sur le point de mourir, perdons ce que nous aimons ou sommes confrontés à ce que nous n'aimons pas. C'est ce que nous appelons habituellement la souffrance.

Les expériences de souffrance de ces trois types nous accompagnent sans cesse. Nous n'en sommes libres à aucun moment. Leur présence est la définition même du samsâra.

Le premier type de souffrance est une expérience neutre sur le plan de la sensation. Nous sommes inconscients du processus parce qu'il ne génère ni douleur ni plaisir. Le deuxième type de souffrance est lié à la peur qui accompagne l'impression de confort, de bien-être. Le troisième type de souffrance est une véritable expérience de douleur. Pourtant, si on les regarde en profondeur, ce sont toutes trois des expériences de souffrance. Pour les deux derniers types de souffrance, c'est facile à comprendre. En revanche, la souffrance inhérente à l'existence conditionnée est très subtile.

S'il s'agit d'une expérience neutre, comment pouvons-nous la définir comme souffrance ? J'utiliserai une comparaison. Supposons que nous souffrions d'une maladie sérieuse et en même temps d'une petite blessure au pied ou à la main. Tant que la douleur principale reste vive, tant que nous sommes sous l'emprise d'une forte fièvre, nous ne sentons pas les douleurs mineures, mais dès que la fièvre tombe, nous commençons à sentir nos blessures. De même, la présence des souffrances du deuxième et du troisième type inhibe notre perception des conditions subtiles de notre karma qui nous enchaînent réellement. Ce n'est que libérés de nos souffrances les plus grossières que nous deviendrons alors conscients des conditions subtiles de notre esclavage.

Un passage du *Commentaire de l'Abhidharma* dit à ce sujet :

Si le poil posé sur ma paume l'était sur mon œil, il me gênerait, j'aurais mal.
Les êtres puérils, pareils à la main, ne comprennent pas la misère de l'existence conditionnée, mais les êtres sublimes, semblables à l'œil, y voient déjà une souffrance.

La souffrance du premier type est omniprésente et, même si sa présence nous échappe, c'est la chaîne qui nous entrave le plus fortement.

Le changement constant que nous expérimentons dans nos vies fait partie du même processus, tout comme la succession des renaissances. Chaque changement est conditionné par une multitude de données. Tous les phénomènes sont conditionnés les uns par les autres. Nous sommes continuellement portés, poussés de l'avant avec peu de choix personnel. Nous avons certes une certaine marge de choix, mais ce choix est lui-même conditionné tant que notre esprit n'est pas libre de l'attachement et des autres poisons mentaux. Les pressions et les sollicitations multiples qui sont le lot de la vie moderne peuvent nous donner une idée des limites de notre marge de manœuvre.

Gampopa illustre son propos par de nombreux exemples, mais je ne crois pas qu'il soit nécessaire de les passer tous en revue. En effet, il nous suffit d'ouvrir les yeux pour voir la souffrance partout autour de nous.

Après avoir défini ce qu'est la souffrance, Gampopa décrit la manière spécifique dont elle se manifeste dans les six royaumes. Il nous met en garde contre l'attachement que nous pourrions ressentir pour l'un ou l'autre de ces royaumes et nous enjoint de développer au contraire la ferme détermination de rompre avec les souffrances, de laisser l'existence samsarique loin derrière nous, et d'atteindre le véritable Éveil.

Nous abordons ici la question de la réincarnation. Il est difficile pour les Occidentaux d'intégrer cette idée, la réincarnation ne faisant pas partie de leur bagage culturel. Ce n'est en réalité qu'un des aspects de l'interdépendance et de l'inexistence intrinsèque du soi et des phénomènes.

Pour quelqu'un qui vient d'une culture qui ne l'accepte pas, cette notion peut sembler étrange, mais pour celui qui vient d'une culture où cette idée est une évidence, il semble tout aussi étrange de ne pas y croire ! En effet, presque toutes les formes de vie qui nous entourent passent par un tel processus de renaissance. Prenons le cas des fleurs, de l'herbe, des arbres. Tout autour de nous meurt et renaît encore et encore. Toute fleur est le résultat de la précédente. Une fleur se fane, ses racines s'enfoncent dans la terre et lorsque les conditions sont réunies – terre, eau, soleil – une autre fleur naît de la même racine. Des toutes les formes de vie que nous pouvons voir autour de nous, il n'y en a presque aucune qui ne répète ce cycle.

Selon le bouddhisme, nos vies successives ne sont pas comparables à un collier où chaque vie serait une perle et dont le fil serait l'âme traversant toutes les perles. La conception bouddhiste réfute l'existence d'un esprit ou d'une âme qui passerait d'un corps à l'autre, comme si on changeait d'habit (même si c'est parfois ce qui est présenté pour aider certaines personnes à comprendre le processus). Quand nous passons vers la vie suivante, rien n'est transféré. Rien ne va d'un endroit à un autre. Pour illustrer ce point essentiel, Gampopa donne huit exemples, mais nous n'en reprendrons que cinq.

Lorsque l'on parle à quelqu'un et que notre interlocuteur nous comprend, comment ce « transfert » s'opère-t-il ? Rien ne sort vraiment de nous, pourtant l'autre nous comprend. Certains parlent d'énergie. Mais qu'est-ce que l'énergie ? C'est un mot très pratique en Occident : dès que quelque chose d'invisible ou d'incompréhensible est indiscutablement présent, on l'appelle l'énergie !

Un autre exemple est celui du miroir. Quand on se regarde dans un miroir, on y voit un reflet, mais comment l'image s'y trouve-t-elle ? Notre visage ne se déplace pas, rien de notre visage n'est transféré dans le miroir, pourtant sa forme y apparaît, et sans visage il n'y aurait pas de reflet dans le miroir.

Supposons maintenant une bougie allumée et une autre éteinte. On allume cette seconde bougie avec la première. Comment la flamme passe-t-elle de l'une à l'autre ? Si on regarde la flamme d'une bougie, elle brûle de façon continue, du début jusqu'à ce que la bougie soit complètement consumée. Est-ce la même flamme ou non ? Y a-t-il une flamme ou plusieurs ?

Prenons un dernier exemple. Je suis en ce moment ici en votre présence. Pourquoi ? Parce que je m'y trouvais le moment précédent. Pourquoi suis-je là ? Je pourrais dire que c'est parce que je suis né. En effet, si je n'étais pas né, je ne serais pas là du tout. Ma naissance est un des nombreux facteurs de ma présence ici. Si j'étais né mais si je n'avais pas grandi, je ne serais pas là. Si j'étais mort plus jeune, je ne serais pas ici non plus. Ma jeunesse est donc la cause de ma présence ici. Je peux aussi répondre que si je suis ici c'est à cause d'hier. Je ne suis pas mort hier et je suis donc toujours là. Ma présence ici et maintenant est le résultat de mon passé. Pourtant ce passé ne signifie pas que j'ai toujours été tel que je suis. On ne peut donc pas parler d'un « soi ».

Dans l'optique bouddhiste de la réincarnation, de la même manière que le moment présent produit le moment suivant, la vie présente est la cause de la vie suivante. Le dernier moment produit le moment suivant. Ce n'est pas différent de la manière dont une fleur grandit. Ce que nous sommes maintenant a été créé, conditionné par notre passé. Si nous n'avions pas été enfant, nous ne serions pas l'adulte que nous sommes maintenant. Nous ne sommes pourtant plus cet enfant : nous avons quelques cheveux blancs, quelques rides. Cet enfant et nous sommes donc « un », mais différents.

Notre vie présente et notre vie future ont un rapport similaire. Les circonstances présentes, notre situation, nos actions, nos pensées actuelles produisent le moment suivant. Les circonstances, les actions et les pensées du moment suivant conditionnent le moment d'après, et ainsi de suite. Ce que nous sommes maintenant conditionne donc notre futur. C'est un processus continu et il prouve que puisque je suis ici maintenant, j'étais là hier et le jour d'avant. Comment pouvons-nous savoir que nous étions en vie hier ? Comment le savons-nous avec certitude ? Quelle en est la preuve ? Hier a pu être un rêve ! Notre seule preuve d'avoir existé hier est que nous existons aujourd'hui. Si nous n'étions pas là aujourd'hui, nous ne pourrions avoir été quelque part hier. La preuve de demain est notre existence présente. Nous ne disparaissons pas. Nous serons aussi là demain, mais peut-être sous une autre forme.

Notre corps change, tout change. Notre sensation de « je suis », « ce que j'étais quand j'étais enfant », « cet enfant était moi », « je serai ce vieil homme » est notre auto-identification. C'est l'élément principal qui nous lie à notre identité, et qui continuera lors de la vie suivante. Que nous nous voyions comme enfant, adulte ou vieillard, nous pensons « ceci est moi ». De même, dans notre prochaine vie, nous penserons « ceci est moi » même si les conditions ont changé.

Nous créons constamment de nombreuses conditions par nos émotions, nos actions, notre karma. Ces conditions ne vont pas brutalement disparaître à notre mort. Lorsqu'on tire une flèche, elle continue sa course et retombe nécessairement quelque part, elle ne va pas tout à coup se volatiliser en plein ciel ! Ces conditions doivent bien être contenues dans un futur, dans un événement ultérieur. Il doit donc y avoir une continuation, qui est la vie suivante. C'est ainsi qu'on explique l'enchaînement des existences. Cette vie suivante ne sera cependant pas exactement la même, nous serons différents de ce que nous sommes dans cette vie-ci.

Rien de notre corps, ni même de notre esprit, n'est transféré d'une vie à l'autre. La vie suivante est causée, créée, par notre conditionnement présent, mais elle n'est pas une exacte reproduction de ce que nous sommes maintenant.

C'est aussi ce qui explique que, selon la philosophie bouddhiste, si nous avons compris la non-existence de l'ego, nous puissions nous manifester en deux, trois, quatre ou cent incarnations différentes. Il est dit ainsi qu'un être qui a atteint le premier bhumi – le premier niveau de la voie des bodhisattvas – peut manifester une centaine d'émanations, que celui qui a atteint le deuxième bhumi peut en manifester cent mille, et ainsi de suite en nombre croissant. Cela signifie que notre liberté s'accroît en fonction de notre compréhension de la vraie nature des choses et que nous acquérons ainsi le contrôle de l'esprit comme de la matière.

Le processus de la mort est une dissolution. La vie, le corps, l'esprit, tout se dissout. La structure mentale suivante est le produit de ce processus, et ainsi de suite, à chaque instant.

De la même manière, notre vie antérieure n'a pas été identique à la vie que nous menons maintenant, mais elle n'a pas été non plus complètement différente. Ce que nous sommes est le produit de notre vie précédente. Quelqu'un qui s'est fort intéressé à la spiritualité dans sa vie antérieure a vraisemblablement la même propension dans cette vie. C'est un continuum, vie après vie. Il en va de même pour les grands sportifs, les grands musiciens, et tous ceux qui témoignent d'une aptitude particulière. C'est ce que nous appelons les « impressions » ou « empreintes karmiques [18] ». Différentes empreintes karmiques créent différentes catégories de personnes. Certaines personnes courent, certes, le danger d'adopter une attitude passive en pensant : « Je suis le résultat de mon passé, et puisque ce que je suis est la conséquence d'empreintes karmiques, je ne peux rien y faire. »

Nous ne pouvons naturellement pas changer ce que nous sommes maintenant, pour la bonne raison que nous sommes déjà ce que nous sommes. Il n'y a rien que nous puissions y faire parce que c'est le résultat de notre passé. Mais ce que nous serons dans le futur est un élément que nous pouvons partiellement contrôler. Si le passé a façonné notre présent, ce dernier peut à son tour façonner notre avenir. Ce que nous pouvons être le moment suivant, l'année suivante, ou la vie suivante est entre nos mains, maintenant !

Contrairement à ce que certains Occidentaux ont tendance à croire, il n'y a pas de destin particulier attaché à des actes spécifiques. Prenons l'exemple du suicide. Commettre un suicide est loin d'être considéré comme une bonne chose, puisque c'est prendre une vie, acte considéré comme très négatif. Cependant, d'un point de vue bouddhiste, ce que nous faisons ou ne faisons pas n'est pas le seul critère qui détermine si un acte est « bon », « mauvais » ou « très mauvais ». Le critère essentiel est la motivation qui sous-tend l'acte.

Nous devons bien comprendre la théorie du *karma*. Le karma équivaut au conditionnement que nous créons : quoi que nous fassions, nos actes auront des conséquences. Le karma se développe à partir de ces conditionnements qui créent directement le moment suivant. Le karma, ce n'est pas le résultat à long terme de ce que nous faisons maintenant : c'est un processus d'actions et de réactions. Les effets peuvent être à court ou à long terme mais l'important est de bien comprendre que, quoi qu'on fasse, il y aura des conséquences.

Cela vaut aussi pour les six royaumes. Prenons par exemple le cas d'une renaissance dans un « monde infernal » : elle est le résultat de notre conditionnement, de la haine, de la colère et de la jalousie que nous avons développées. Lorsque toutes les souffrances, toute la haine et les pensées négatives deviennent plus « réelles », plus tangibles, on se trouve alors dans un monde infernal. Il ne s'agit pas d'un endroit où on est « envoyé ». Dans un seul et même endroit, on peut expérimenter les enfers, le paradis et le monde des humains. Prenons ce verre d'eau : il sera perçu d'une manière très différente par les êtres qui peuplent chacun des six royaumes. Un humain y verra une boisson rafraîchissante, un habitant des enfers du métal en fusion, un esprit avide expérimentera un poison, et un être divin y verra un nectar de longue vie et de beauté. Ces points de vue différents sont simplement le résultat de notre propre conditionnement, de notre propre chaîne d'actions et réactions karmiques. Selon le bouddhisme, ces différents royaumes sont des états d'esprit générés par les six émotions négatives. Les êtres dominés par la haine et la colère naissent dans les enfers. Ceux qui sont extrêmement avares naissent dans le royaume des esprits avides. La prédominance du désir est la cause d'une naissance dans le monde des humains. Si l'ignorance, la stupidité, la confusion dominent, on naît alors comme animal. Si la jalousie est très forte, on naît dans le monde des demi-dieux jaloux. Si c'est l'orgueil qui prédomine, on naît alors parmi les dieux. Ces six émotions négatives caractérisent les six états d'esprit qui constituent ce qu'on appelle le samsâra.

Il nous faut percevoir et reconnaître les trois types de souffrance qui imprègnent les six royaumes, où que nous soyons nés, et quelle que soit notre forme de vie. Il n'existe au sein du samsâra ni bonheur complet ni liberté totale. La seule manière d'accéder à ces derniers est de nous libérer des états d'esprit samsariques en réalisant la qualité véritable de la nature de bouddha et en la développant. Cette réalisation nous libère complètement de la confusion, des croyances erronées en nous faisant atteindre l'Éveil.

Par ailleurs, Gampopa nous met aussi en garde contre le danger de nous attacher à nos problèmes et le risque de nous noyer dans notre souffrance. Nous devons en comprendre la nature véritable.

II.

Le karma

Les trois formes de souffrance énumérées dans le chapitre précédent sont le fruit du karma.

Le *Soutra des Cent Karmas* [a] détaille comment les différents types de karma ont créé les diverses créatures, la grande variété des êtres vivants. Selon le bouddhisme, tout est créé par le karma, rien n'est la création d'un être tout-puissant. Personne ne récompense ou ne punit nos actes positifs et négatifs. La loi du karma, qui est celle de l'interdépendance, peut s'énoncer comme suit : tout ce que nous faisons aura des conséquences, un acte positif aura des résultats positifs, un acte négatif aura des résultats négatifs. Rien ni personne ne prend la décision de nous récompenser ou de nous punir. C'est la force de l'action elle-même qui entraîne le résultat qui lui correspond. Mais l'interaction de tous les actes que nous posons est complexe.

On raconte ainsi l'histoire d'une vieille femme qui venait écouter les enseignements au monastère. Elle entendait le lama parler des résultats du karma. Parlant des bienfaits des actes positifs, il affirmait que même une toute petite action positive a de très grands résultats et que, par exemple, une seule

[a] Tib. : *mdo sde las brgya pa*. Sans. : *Karmasatra kasûtra*.

récitation du nom du Bouddha Amitâbha permettait de renaître dans la Terre Pure de Sukhâvatî [19]. Parlant des effets négatifs des mauvaises actions, il disait que la moindre erreur, comme un simple mensonge, suffit à nous plonger dans les enfers pour des milliers d'ères cosmiques. La vieille femme, perplexe, vint trouver le lama et lui dit : « Si ce que vous dites au sujet du résultat des bonnes actions est vrai, non seulement les lamas, mais même moi, nous ne manquerons pas de devenir des bouddhas en cette vie. Par contre, si j'en crois ce que vous dites au sujet des mauvaises actions, non seulement moi, mais même vous, nous sommes sûrs d'aller tous en enfer ! Alors qu'en est-il ? »

En fait, aucun de nous ne se comporte de façon tout à fait positive ou négative. Notre comportement est le plus souvent mixte. Rien ni personne, aucune situation ni aucune action n'est totalement positive ou négative, de sorte que les fruits que nous récoltons sont eux aussi bigarrés.

La notion de karma est souvent mal comprise et confondue avec le fatalisme, l'acceptation passive de notre destin. Le karma est alors vu comme une force nous entraînant, tel un fétu de paille, sur l'océan de la vie. Ce n'est pourtant pas la théorie bouddhiste du karma. Celle-ci n'est pas déterministe, elle est beaucoup plus dynamique.

La loi du karma n'est rien d'autre que la loi de l'interdépendance, de la production conditionnée. Comme expliqué au chapitre précédent, ce que nous sommes maintenant est le résultat de notre passé, du karma que nous avons accumulé. La force de ce karma nous a façonnés et a tracé les limites de ce que nous sommes actuellement.

C'est ce qui explique pourquoi nous ne parvenons pas toujours à faire ce que nous voudrions. Nous sommes certes limités, mais au sein de la forme, de l'espace limité qui est nôtre, nous avons le choix d'agir ou non d'une certaine façon. Notre avenir est entre nos mains, maintenant. Ce que nous faisons maintenant va créer notre futur, c'est la loi du karma. Chacun a son propre karma, ou plus exactement *est* son propre karma.

En plus du karma personnel, il y a aussi ce que l'on appelle le karma collectif. Le monde dans lequel nous vivons est le produit du karma collectif de tous ses habitants. Les êtres qui partagent les mêmes états d'existence karmiques sont en mesure de communiquer entre eux, ce que ne peuvent faire ceux qui vivent dans des mondes différents. Cependant, la manière dont les êtres agissent au sein d'un même niveau karmique et dont ils sont affectés individuellement par les événements globaux dépend de leur karma personnel.

Nous accumulons du karma par la loi de cause à effet, de l'action-réaction. Selon l'*Abhidharmakosha*, il y a deux types d'actions, deux facteurs d'accumulation de karma, ce qu'on appelle en tibétain *sempélé* et *sampélé*[20].

Le premier facteur est l'activité de l'esprit, la pensée, l'intention. *Sempélé* signifie le fait de penser sans agir. En réalité, chaque action commence avec une pensée. Sans pensée préalable, aucune action n'est possible. Toute action commence dans notre esprit. C'est le karma de l'esprit, de la motivation. On ne passe pas encore aux actes, mais la motivation est déjà présente.

Le second facteur *sampélé* est le fait de passer à l'acte physiquement ou verbalement, ce qui est une autre façon d'accumuler du karma.

Ces différentes catégories d'actions ont trois sortes d'effets : du karma positif, négatif ou neutre.

Le karma négatif est le résultat d'une action vraiment nuisible, comme tuer, mentir, voler, etc. On parle des « dix actes nuisibles » qui comptent parmi les causes principales du karma négatif. En réalité, nos karmas sont composés de tant d'éléments disparates imbriqués les uns dans les autres, les actes positifs avec les actes négatifs, que les résultats sont aussi extrêmement complexes. Seul un être pleinement réalisé peut déterminer avec précision ce qui est la cause de quoi. Il est dit que chacune des couleurs qui irisent la plume d'un paon a sa propre cause karmique. Cependant, d'une manière générale, on peut affirmer que les actes négatifs du corps, de la parole et de l'esprit ont des effets négatifs.

On distingue trois types de résultats :

Le premier s'appelle le « résultat direct » ou « résultat de la maturation » – karma arrivé à pleine maturité.

Prenons l'exemple du meurtre, commis avec haine, d'une personne exceptionnelle qui s'est montrée très bonne envers nous. Le résultat direct d'un acte aussi horrible pourrait être, par exemple, de renaître dans les enfers, ou de subir une très grande souffrance.

Le deuxième type de résultat est ce que l'on appelle la « condition similaire », c'est-à-dire le résultat en harmonie avec la cause.

Tout comme le résultat direct d'un meurtre est de renaître dans les enfers, la condition similaire serait de renaître ensuite dans le monde des humains, mais d'y avoir une vie courte. En raison de la similarité de condition, on y mourrait alors violemment d'un accident, d'une agression ou d'un événement semblable.

Le troisième type de résultat comprend les effets secondaires.

Pour reprendre notre exemple, après la conséquence directe, qui serait de renaître dans les enfers, puis d'avoir vécu les conditions similaires, on peut encore subir les effets secondaires, comme par exemple renaître dans un endroit très troublé, instable, où sévissent la famine et la guerre.

Il est utile de préciser les quatre manières dont le karma arrive à maturité.

La première est immédiate. L'acte est suivi immédiatement de son résultat. On frappe quelqu'un et il nous frappe en retour. On insulte quelqu'un et il répond sur-le-champ. Cet effet boomerang qui arrive au cours d'une même vie est appelé le résultat immédiat.

La deuxième, c'est lorsque le résultat n'est pas immédiat, mais survient au cours de la vie suivante.

La troisième manière, c'est lorsque le résultat se produit dans un futur indéterminé, l'acte commis n'ayant pas une grande force.

La quatrième manière, c'est lorsqu'il n'est pas certain que l'acte ait un résultat. Sa force est si faible qu'il peut n'avoir aucune conséquence significative.

Les quatre manières dont le karma arrive à maturité dépendent de la force et de la motivation de l'action. Plus fortes sont l'émotion, la motivation, l'aspiration, plus marqué sera le résultat.

L'importance de la force de notre motivation explique que notre futur n'est pas totalement déterminé par nos actes antérieurs. Supposons qu'en fonction du karma associé à nos actions passées nous soyons censés agir d'une certaine façon. Si notre motivation actuelle va en sens inverse et qu'elle est vraiment très forte, la conséquence de notre karma négatif peut être postposée, ou même évitée, et nous pouvons alors prendre une nouvelle direction. Lorsque la motivation la plus forte l'emporte sur la plus faible, c'est un exemple de ce que nous appelons le résultat immédiat.

Ces mécanismes s'appliquent naturellement aussi aux actes positifs.

Le karma neutre provient de notre inaction, lorsque par exemple nous dormons ou que nous sommes en *samâdhi*, c'est-à-dire en méditation profonde. Nous ne créons alors aucun karma, ni positif ni négatif.

Tant que nous sommes prisonniers de ce processus d'accumulation karmique, que ce karma soit positif ou négatif, nous sommes enchaînés au samsâra. Créant tour à tour du karma positif, du karma négatif et du karma neutre, nous tournons en rond, de haut en bas, dans la confusion du samsâra. Tous les karmas sont cependant temporaires : les résultats apparaissent puis disparaissent. Ils ne font pas partie de nous et sont de nature adventice et temporaire. Il nous est donc possible d'en briser la chaîne pour nous en libérer. Tout karma, qu'il soit positif ou négatif, peut être brisé. Même le karma le plus négatif peut être purifié. C'est le cas lorsque nous regrettons sincèrement ce que nous avons fait et que nous nous engageons à ne pas recommencer. On remplace alors le karma négatif par du karma positif.

Mais nous pouvons aller plus loin et la meilleure chose à faire est de rompre définitivement la chaîne du karma. Nous pouvons y parvenir en éliminant complètement notre ignorance, qui est l'illusion de l'ego. Vaincre notre ignorance, notre confusion, nous libère de l'emprise de l'ego. Dès l'instant où il n'y a « plus personne » pour expérimenter les résultats du karma, la chaîne en est rompue. Sans accumulation de karma, il n'y a plus de résultats karmiques.

Voici une histoire qui illustre ce propos :

Du temps du Bouddha, le roi Ajâtashatru avait tué son père qui était un saint arhat – il avait atteint le plus haut niveau de la voie Hînayâna, ayant réalisé l'absence d'ego et éliminé toutes les émotions négatives et les souillures. Puis, sous l'influence de Devadatta, un cousin jaloux du Bouddha, il avait tenté de tuer le Bouddha lui-même. Fort heureusement, il n'avait pu commettre cet acte. Les années passant, il comprit toute l'horreur de ses crimes. Pris de remords, il se repentit et demanda au Bouddha de lui envoyer quelqu'un pour le confesser et l'aider à se purifier. Le Bouddha lui envoya Manjushri qui, au lieu de l'apaiser, lui promit l'enfer le plus noir, sans le moindre espoir de salut. Ajâtashatru était effondré. Quand il atteignit le fond du désespoir, Manjushri lui demanda soudainement : « Regarde bien, qui va se rendre en enfer ? Qu'est-ce qui, en toi, va vraiment aller en enfer ? Qui ou quoi ? »

Ajâtashatru examina la question, s'examina lui-même et finit par réaliser qu'en fait rien ni personne n'irait en enfer. Dans un éclair, il réalisa l'inexistence du soi. D'un coup, il avait brisé la chaîne karmique et était complètement libéré. Il avait atteint l'Éveil.

Pour se dégager du fardeau du karma et en briser la chaîne, nous devons réaliser notre vraie nature. Réaliser l'inexistence du soi, la nature de bouddha ou shûnyatâ, c'est découvrir qu'il n'y a rien qui expérimente les résultats karmiques ou qui les accumule. Tant qu'il y a un « je » ou un « je suis cette personne », il y a renaissance, et le karma associé à cette saisie sera expérimenté par l'ego, qui est la personne à laquelle nous nous attachons, nous nous identifions. Réalisant l'inexistence de cet ego, nous découvrons qu'il n'y a rien à quoi se rattacher. Le but principal du dharma est de rompre la chaîne karmique, de briser cet attachement, cette saisie, cette identification, qui est la racine même du samsâra. Diminuer l'identification à un soi, l'attachement à cette idée d'ego, nous permet de lâcher prise, de nous détendre. C'est comme si nous déposions enfin un fardeau inutile trop longtemps porté.

Cela est très important à comprendre, même au niveau de notre vie quotidienne, particulièrement en Occident où l'approche psychologique prédominante tend à expliquer tous les problèmes par les expériences vécues au cours de l'enfance. Selon l'approche bouddhiste, c'est la mémoire, l'attachement aux souvenirs qui est la source des problèmes. En effet, nous ne sommes plus cet enfant qui a été maltraité, mal aimé, mal compris. Cette souffrance ne nous affecte encore que parce que nous pensons toujours être la même personne. Si nous ne nous attachions pas à ces souvenirs, si nous ne nous identifiions pas à l'enfant que nous avons été, ces expériences passées n'auraient plus aucune importance et ne pourraient plus nous toucher. Ce ne seraient plus que de simples souvenirs d'événements arrivés à quelqu'un d'autre. Dès que nous comprenons que le passé est passé, qu'il n'est qu'un simple souvenir, nous nous débarrassons instantanément des problèmes que nous traînions jusqu'alors.

Essayons de comprendre et de réaliser en profondeur l'inexistence de l'ego, ce qu'est shûnyatâ. La compréhension et l'expérience de la vérité absolue sont l'arme ultime qui brise la chaîne du karma.

Toutefois, nous ne devons en aucune manière ignorer le karma ou en minimiser les effets. Tant que notre ego est là, nous sommes dans la confusion et dans l'ignorance, et donc sous l'emprise des effets du karma. Soyons dès lors aussi attentifs que possible à accumuler du bon karma et à éviter le karma négatif, tout en essayant de développer notre compréhension de la vérité ultime. Ces instructions sont le cœur des enseignements des lamas Kadampas.

III.

L'amour et la compassion

Si notre but se limite à notre propre paix, à notre propre libération, nous n'atteindrons pas le plein épanouissement de notre nature de bouddha. Selon le bouddhisme mahâyâna, se limiter à notre propre libération des souffrances du samsâra est un piège. Ce n'est pas la meilleure voie. Il nous faut développer l'amour et la compassion.

Ce que l'on appelle ici *l'amour* est une notion très différente de l'amour romantique (qui n'est autre en réalité que du désir) ; c'est l'aspiration, l'intention qui s'exprime par le souhait : « Puissent tous les êtres jouir du bonheur. » Pour un bodhisattva, aimer, c'est espérer le bonheur de tous, de soi comme des autres. Le point de départ du développement de l'amour, c'est réaliser que s'il est juste d'être heureux soi-même, il est aussi juste que tout le monde le soit également.

Si nous souhaitons que tous les êtres soient libérés de la souffrance, on parle alors de *compassion*. Bien que ces deux notions soient très proches et de même nature, de légères nuances justifient la distinction.

L'amour et la compassion sont parmi les principes les plus importants du bouddhisme mahâyâna. Un bouddha, un être éveillé, est celui qui a développé l'amour-compassion et la sagesse à leurs niveaux ultimes. La compassion est un des éléments les plus importants pour atteindre la bouddhéité. Sans compassion, il est impossible d'atteindre l'Éveil.

Non seulement l'amour et la compassion sont indispensables pour atteindre l'Éveil, mais ils font en outre partie intégrante de la nature de bouddha. Contrairement à la haine et aux autres émotions négatives, qui sont temporaires et peuvent donc être purifiées, la compassion est inhérente à la nature ultime des choses. En explorant les formes les plus profondes de la compassion, on découvrira qu'elle est en réalité la véritable nature de l'esprit de bouddha, un de ses ingrédients. Plus on développe l'amour et la compassion, plus les émotions négatives diminuent.

Le développement de l'amour

Gampopa distingue trois formes d'amour :

— l'amour envers les êtres sensibles, qui est ce que nous appelons habituellement l'amour ;

— l'amour qui se réfère à la nature de la réalité ;

— l'amour sans référence par rapport à un objet quelconque.

Sa Sainteté le Dalaï-Lama dit qu'il est toujours possible de développer l'amour parce que même si nous éprouvons parfois de la haine ou de la colère, nous ressentons aussi par moments de l'amour. Or l'amour et la haine s'excluent mutuellement. Comme nous n'éprouvons pas continuellement de la haine, essayons d'allonger les moments où nous ressentons de l'amour. Si nous y parvenons, nous finirons par ne plus ressentir que de l'amour. Comme l'amour et la colère ne peuvent coexister, il suffit de développer l'une pour que l'autre disparaisse. C'est comme le chaud et le froid : on ne peut avoir chaud et froid en même temps. Les émotions négatives vont et viennent. En ne donnant pas l'occasion aux émotions négatives de se manifester, elles ne se développeront pas. De même, si l'on développe l'amour, on le ressentira de plus en plus.

Si le bouddhisme définit l'amour comme le souhait que tous les êtres soient heureux, le point de départ pour développer cet amour c'est de constater que, si nous souhaitons notre propre bonheur, tous les autres êtres ont exactement le même désir. Or je constate qu'en Occident un certain nombre de personnes affirment ne pas s'aimer elles-mêmes. Comment pourront-elles dès lors développer de l'amour pour les autres ? Toutefois, à y regarder de plus près, je crois qu'il s'agit le plus souvent de gens qui attendent trop d'eux-mêmes et qui se culpabilisent fortement, ce qui les empêche de prendre conscience de l'amour qu'ils éprouvent pour leur personne.

Calmer la haine est la première étape dans le développement de l'amour.

Pour y parvenir, nous devons d'abord comprendre que ressentir de la haine est absurde. Ceux qui nous font du tort le font parce qu'en réalité ils n'ont pas de libre choix. Qu'ils l'aient voulu ou non, ils sont dans une situation telle qu'ils pensent devoir agir de la sorte. Ils subissent l'influence des circonstances, d'une succession d'événements ou encore se trouvent sous l'emprise d'émotions fortes et ingouvernables qui leur ont fait perdre le contrôle d'eux-mêmes. Une personne complètement submergée par ses émotions est comme folle ou ivre, elle ne peut être considérée comme complètement responsable de ses actes. On ne se formalise pas des propos ou des actes d'un ivrogne ou d'un fou. Nous devrions considérer les gens qui nous nuisent de la même manière.

Peut-être serons-nous blessés par des propos ou des actes déplaisants, mais les effets seront surtout supportés par la personne qui nous cause du tort. En effet, sous l'influence d'émotions perturbatrices, elle accumule des actes négatifs qui auront des conséquences négatives. Celui qui nous nuit est donc bien plus à plaindre qu'à haïr. Si l'on croit à la loi du karma, on comprend alors que c'est celui qui cause du tort à autrui qui en supporte les conséquences, non par l'intermédiaire d'une personne extérieure, mais par la force de l'action elle-même. Il n'y a donc aucune raison de ne pas pardonner à ceux qui nous ont fait du mal. Il y a en revanche une bonne raison de ressentir pour eux de la compassion. Vue sous cet angle, la haine devient presque illogique. La haine est une défaite tandis que l'amour est une victoire.

Il y a peu, Swami Vivekânanda, un sage indien, voyageait en train en Inde. Un passager de très mauvaise humeur faisait tout ce qu'il pouvait pour l'insulter. Swami Vivekânanda ne bronchait pas. Lorsque le passager fut las de l'insulter, le swami lui demanda : « Si quelqu'un vous offre un présent mais que vous le refusez, à qui revient le présent ? » Le passager répondit : « Au donateur. » Le swami répliqua alors : « Je n'accepte pas vos propos. »

Ne pas répondre à la haine par la haine est une victoire parce que la haine génère tensions et sensations désagréables, alors que l'amour apporte beaucoup de paix. Libres de haine, de jalousie, d'avidité et de mécontentement, nous pouvons alors demeurer dans le bonheur, la quiétude, le confort et la chaleur de la bienveillance. L'amour est pacifique et engendre une attitude positive. Lorsque rien de négatif ne nous trouble, nous nous sentons légers, libres et détendus.

Notre entourage aussi ressentira cette chaleur, ce désir d'être bon. Les personnes très chaleureuses, qui ont bon cœur, nous donnent envie de leur parler, d'être proches d'elles.

Développer l'amour, la compassion et un cœur généreux, c'est non seulement se débarrasser de la haine, mais aussi exprimer le grand souhait que tous les êtres atteignent le bonheur.

La méthode tibétaine traditionnelle pour y parvenir se fonde entièrement sur le sentiment de gratitude. Il me semble en effet naturel de vouloir retourner la bonté de ceux qui sont généreux envers nous. À partir de là, nous apprenons progressivement à étendre notre bienveillance à tous les êtres. La logique qui sous-tend notre effort est que nous pouvons graduellement étendre aux autres l'amour que nous ressentons intensément pour une seule personne, jusqu'à inclure tous les êtres sensibles.

J'ignore si cette approche vous est accessible car, en lisant des livres ou en regardant des films occidentaux, je n'ai pas eu l'impression que la gratitude et le désir de retourner les bienfaits qui nous ont été accordés occupent une grande place dans la société occidentale, alors que c'est une préoccupation très répandue chez les Tibétains et, je crois, dans la société orientale en général. Dans une culture comme la mienne, cette attitude est profondément ancrée. Les gens qui meurent, par exemple, se désolent de ne pas avoir eu le temps ou la possibilité de payer en retour la bonté de telle ou telle personne et leurs dernières volontés visent souvent à ce que leurs proches s'acquittent pour eux de ces dettes de cœur.

Dans la tradition tibétaine ou indienne, la mère est le meilleur exemple de l'amour, parce qu'elle est la personne qui nous a aidés de la manière la moins égoïste. Elle est celle qui a fait, ou qui a essayé de faire, de son mieux, sacrifiant pour nous son confort et ses intérêts. C'est pourquoi nous ressentons de l'amour en pensant à elle.

Je crois qu'il serait intéressant de lire le passage dans lequel Gampopa décrit le rôle d'une mère :

On médite sur l'amour en s'appuyant sur le sentiment de gratitude. Pensons à la bonté des autres. La personne qui, dans cette vie, nous a manifesté la plus grande bienveillance est notre mère. C'est elle qui nous a conçus, qui s'est dépensée pour nous, nous a maintenus en vie et nous a éduqués. Ce qui apparaît dans la Prajnâpâramitâ *en huit mille stances :*

Pourquoi ? Parce que notre mère nous a conçus, qu'elle s'est donné beaucoup de peine, nous a permis de rester en vie et nous a montré tout ce qu'il fallait savoir dans ce monde.

La bonté de nous avoir donné la vie.

Notre corps n'a pas surgi soudain avec sa taille définitive, ses muscles bien formés et son teint parfait. En commençant par les stades de gelée molle et de gelée plus ferme, il s'est peu à peu formé dans le ventre de notre mère en puisant à la substance de sa chair et de son sang. Il s'est développé en absorbant la quintessence de sa nourriture. Et il a pu se constituer en infligeant à notre mère toutes sortes d'opprobres, de maladies et de douleurs. Une fois nés, alors que nous étions chétifs, c'est encore elle qui a pris soin de nous jusqu'à ce que nous soyons grands et forts.

La bonté de s'être dépensée pour nous.

Nous ne sommes pas arrivés tout vêtus et parés, en possession de notre héritage et chargés de vivres. À part notre bouche pour brailler et notre ventre vide, nous ne possédions absolument rien. Nous débarquions dans un lieu inconnu où tout le monde nous était étranger. Elle nous a alors donné à manger pour calmer notre faim et à boire pour nous désaltérer. Elle nous a vêtus contre le froid et donné ses biens pour que nous ne soyons pas dépourvus de tout.

Cela ne veut pas dire qu'une mère donne à son enfant ce dont elle n'a pas besoin. Au contraire, elle se prive de manger, de boire, de porter et d'utiliser quoi que ce soit pour le confort de sa vie actuelle, ou même de les offrir pour être riche dans sa vie suivante. En vérité, elle élève son enfant sans se soucier de son bonheur présent ni du bonheur de ses vies futures.

Cela ne veut pas dire non plus que ce qu'elle donne à son petit, elle l'a trouvé facilement ou avec plaisir. Au contraire, elle l'a obtenu au prix d'actions négatives, de souffrances et de fatigues de toutes sortes. Elle a recours aux actes négatifs quand, pour élever son enfant, elle se fait pêcheuse ou bouchère. Elle souffre lorsque, jour et nuit, le givre lui sert de bottes et les étoiles de chapeau ; lorsqu'elle a pour seule monture ses jambes et pour seul fouet le ruban de ses tresses, lorsqu'elle donne aux chiens la chair de ses mollets et aux hommes, celle de son visage. Et tout cela, pour son enfant.

Plus encore, elle prend soin d'un étranger dont elle ne sait ni d'où il vient ni ce qu'il deviendra et lui témoigne bien plus d'amour qu'aux être bienveillants comme son père, sa mère ou son ami de bien. Elle le contemple avec affection, l'entoure de sa douce chaleur, le câline du doigt, lui dit des mots tendres : « Coucou ! Mon petit ! Mon trésor ! Comme maman est heureuse ! »

La bonté de nous avoir maintenus en vie.

Au commencement, nous ne savions pas nous nourrir, nous n'avions pas la force d'accomplir la moindre tâche difficile ; nous étions comme des vermisseaux, indolents, incapables et stupides. Or, loin de nous abandonner, notre mère s'est mise à notre service. Elle nous a pris sur ses genoux, nous a protégés du feu et de l'eau, nous a empêchés de tomber dans le vide et a écarté tous les dangers. Par crainte de nous voir mourir ou tomber malades, elle a fait faire des divinations, des études astrologiques, des rituels, des lectures de textes sacrés, des pratiques spirituelles — que sais-je encore : elle a protégé notre vie de mille façons inconcevables.

La bonté de nous avoir éduqués.

Au départ, nous n'étions pas non plus experts en tout, sûrs de nous et comprenant au premier coup d'œil. À part appeler nos proches en pleurant et agiter nos membres, nous ne savions rien faire. C'est encore notre mère qui nous a tout appris : à manger, nous vêtir, marcher, parler. Elle nous a appris à fabriquer différents objets et nous a transmis maintes autres connaissances, nous rendant égaux ou comparables à elle en tous les domaines.

Qu'en pensez-vous ?

Je suis sûr qu'un grand nombre d'entre vous n'est

pas d'accord. Beaucoup d'Occidentaux éprouvent à ce sujet des réticences qui proviennent de difficultés relationnelles avec leur mère. Je voudrais simplement remarquer que, trop fréquemment, l'amour d'une mère est considéré comme une chose acquise et naturelle. On attend souvent trop de nos parents. On fait remonter l'origine de tous nos problèmes à notre enfance, rejetant sur nos parents la responsabilité de tous nos maux. D'une certaine manière, c'est lié à l'absence de croyance en la réincarnation. Ne voyant pas d'autre raison possible, nous pensons que tout ce qui nous arrive ne peut qu'être le résultat d'événements ayant eu lieu au cours de notre vie actuelle, pendant la grossesse, après la naissance ou durant notre enfance.

Nous pensons que l'amour d'une mère est naturel et nous l'acceptons comme tel, sans même plus l'apprécier. Nous considérons comme notre dû tout ce que nous avons reçu de nos parents. Notre mère nous donne tout ce qu'elle a : c'est normal, c'est naturel. Nous n'en éprouvons pas la moindre reconnaissance. Cependant, nous lui pardonnons difficilement le moindre geste égoïste. La moindre erreur est mal vécue et nous développons de la rancœur vis-à-vis d'elle. Pourtant un bébé est un être totalement sans défense, à la merci de sa mère qui pourrait très bien le tuer à la naissance ou s'en débarrasser encore avant. L'infanticide existe. Dans certains pays, comme en Inde, la naissance d'une fille est souvent un drame, car il faut la doter au moment du mariage, et l'enfant court un risque réel d'être tué. Par ailleurs, une mère est un être comme tout le monde, avec ses problèmes, ses goûts, ses préférences et ses répulsions. Supposons qu'une mère abandonne son enfant à la naissance pour suivre un homme dont elle est tombée amoureuse. On peut penser que la mère n'aime pas son enfant, mais, en fait, elle agit ainsi sous l'emprise d'une violente passion. On peut estimer valablement qu'elle n'a plus vraiment le contrôle d'elle-même. Nous pouvons ne pas apprécier cette femme en tant que mère, mais il n'y a pas de quoi la haïr. Si elle ne vous a pas aimé, si elle ne vous a pas aidé, c'est son affaire. Vous ne pouvez exiger de personne qu'il vous aime. Si quelqu'un vous aime et vous témoigne de la gentillesse, c'est fort bien, mais il n'y a là aucune obligation. Qu'avez-vous fait pour mériter l'amour de quelqu'un d'autre ? Je ne crois pas qu'il soit logique de haïr quelqu'un parce qu'il ou elle ne vous aime pas. Il n'y a aucune raison logique qui justifie tout ce qu'une mère fait pour son enfant. Plutôt que de lui reprocher la moindre erreur, nous devrions au contraire ressentir de la gratitude envers tout ce que notre mère nous a donné de bon et je crois très important pour nous de nous en souvenir.

Lorsque nous sommes dans des situations difficiles, conflictuelles, nous sommes trop submergés par nos propres émotions négatives pour avoir le temps ou la présence d'esprit de penser à l'amour. Le simple fait d'avoir entendu des enseignements sur l'amour et la compassion ne nous changera pas immédiatement et ne nous transformera pas en de parfaits bodhisattvas ! Nous allons encore certainement nous mettre en colère, tout particulièrement si nous sommes de tempérament colérique. Nous ne devons ni nous sentir coupables, ni même simplement mal à l'aise lorsque cela se produit. Le plus important est de ne pas s'attacher à cette colère, de ne pas la nourrir ni tenter de la justifier. Il y a une différence entre se fâcher et entretenir la colère.

Même Tilopa disait que le simple fait d'être en colère ne nous cause pas tellement de tort. En revanche, s'accrocher à cette colère nous nuit beaucoup. Demandons-nous quel est l'intérêt de maintenir cette colère, de nous y accrocher. Il n'y en a aucun : cela ne fait que nous blesser et blesser les autres. C'est le désir de revanche, l'attachement à la colère qui est vraiment négatif, car « toxique ».

En développant l'amour et la compassion nous pouvons progressivement changer. Armés de vigilance et conscients de l'inutilité de la colère, nous serons mieux en mesure de nous contrôler. Nous nous fâcherons de moins en moins facilement pour de petites choses, puis c'est l'intensité de notre colère qui diminuera. Cela ne signifie pas que nous devions refouler, réprimer toute colère mais simplement qu'il faut changer l'orientation de notre esprit. Les émotions sont comme des vagues, et elles finissent toujours par se calmer. Aussi, dès que nous sentons la colère monter, pensons à autre chose qui prendra la place de notre colère.

Il y a trois niveaux différents dans la manière de gérer les émotions : la voie des shrâvakas, celle du mahâyâna et la voie tantrique.

La voie des shrâvakas enseigne l'antidote : la manière de gérer une émotion négative est de penser à l'émotion contraire. Quand on ressent de la colère, on pense à l'amour et à la compassion, qui se substituent alors à la colère. Il ne s'agit pas d'un refoulement : on se contente de penser à l'amour et à la compassion au lieu de la colère. Il y a refoulement lorsque la colère nous habite mais qu'on ne l'exprime pas. Ici, c'est totalement différent : on ne pense plus du tout à la colère, on se contente de penser à l'amour et à la compassion. La colère n'est plus présente. C'est comme rendre la pièce où l'on se trouve tellement chaude qu'il n'y a plus de place pour le froid. On ne réprime pas le froid, on se contente de réchauffer la pièce. C'est la voie des shrâvakas, la voie bouddhiste générale, la première étape.

La deuxième façon de gérer ses émotions est celle du mahâyâna qui consiste à comprendre la vacuité ou shûnyatâ. Si l'on comprend la vraie nature de la colère, la vraie nature de l'esprit, même lorsque la colère apparaît, il suffit de la contempler pour se rendre compte qu'il n'y a personne qui se mette en colère, personne contre qui s'irriter et pas non plus de colère qui existerait en soi, indépendamment.

Pour parvenir à cette compréhension, il y a deux techniques : l'analyse et la méditation. On peut approcher l'émotion en l'analysant intellectuellement. On peut aussi la contempler dans la méditation : on laisse la colère nous envahir et on la regarde. On découvre alors que la colère n'existe pas. Dans les deux cas, la colère disparaît. Plus précisément, on découvre qu'il n'y a rien d'indépendant que l'on puisse isoler en tant que « je » ou « la colère ». La colère disparaît par notre compréhension, notre réalisation de la véritable nature des phénomènes et de notre esprit. C'est la voie du *madhyamika*, la voie des bodhisattvas.

Finalement il y a la voie tantrique du vajrayâna qui est l'acceptation complète de la colère qui émerge. On voit la colère apparaître. La colère elle-même ne crée aucun problème. Par conséquent, on ne lutte pas contre elle, mais on la laisse venir. On se détend alors dans la colère, qui disparaît d'elle-même. Elle ne nous affecte pas parce que nous n'avons aucun sentiment négatif envers elle. On n'est ni pour ni contre cette colère : on la voit, mais on ne s'y attache pas. On se contente de se détendre dans cette colère, qui se dissout et se transforme en sagesse. On parle de la « libération » de l'émotion dans la sagesse. Ce sont les trois méthodes bouddhistes pour gérer les émotions.

Apprenons à vivre dénués de tout sentiment de haine, de tout attachement, de toute négativité, tant envers nos proches qu'envers ceux qui nous sont indifférents, et même envers nos ennemis. Nous ressentirons alors de plus en plus d'amour et de compassion. Les textes disent : « L'amour et la compassion sont authentiques lorsque les larmes nous viennent aux yeux et que nous en avons la chair de poule. » Si c'est ce que nous ressentons pour tous les êtres, on parle d'amour et de compassion infinis. Nous sommes alors arrivés au terme de nos problèmes. Si notre propre intérêt personnel ne nous concerne plus mais que notre seul souci est le bien-être des autres, nous avons développé parfaitement l'amour et la compassion.

C'est le résultat de la méditation sur l'amour et la compassion. Cette pratique est celle qui nous permet d'accumuler le plus de mérites. Gampopa cite la *Guirlande de Joyaux* [a] qui affirme ainsi :

> *Faire don trois fois par jour.*
> *De mets infiniment préparés*
> *Ne peut égaler en mérites*
> *Un simple instant d'amour.*

---

[a] *Ratnâvalî.*

On raconte de nombreuses histoires qui illustrent les effets positifs de la bienveillance. L'une d'entre elles parle d'un esprit malveillant très puissant qui décida un jour de nuire à des lamas qui s'étaient assemblés. Il ne parvint pas à leur faire du mal, car aucun d'entre eux ne l'aperçut. Il vit alors un vieux lama très faible et se dit qu'il pourrait tuer celui-là. Il s'assit sur sa tête. Le vieux lama se mit à rire. Il rapetissait de plus en plus mais n'arrêtait pas de rire. Le mauvais esprit se sentit soudain très mal. Plus le vieux lama riait, plus l'esprit se sentait triste. Il se mit à pleurer à chaudes larmes et s'en alla. Pendant plus d'un an, il fut incapable de nuire à qui que ce soit, il n'en eut même pas l'idée. Le vieux lama méditait en fait sur l'amour et la compassion.

Méditer sur l'amour et la compassion nous protège comme une armure de toute influence négative. Encore mieux, cette méditation nous permet d'aider et d'être aidés. Quand on est « soigné », aidé par ce qu'on appelle des « énergies », il ne s'agit pas vraiment d'énergies extérieures, c'est notre propre amour qui fait le travail. La guérison par l'amour est une méthode tout ce qu'il y a de plus traditionnelle !

Le développement de la compassion

La compassion est le cœur, l'essence des enseignements bouddhistes. Si vous comprenez ce qu'est la compassion et que vous la pratiquez, vous pratiquez le bouddhisme. Sans compassion, vous ne pratiquez pas le bouddhisme.

Tout un symbolisme est lié à la compassion. Le joyau mythique qui exauce tous les souhaits symbolise la compassion.

Le Bouddha a dit également que si vous avez la

compassion, vous possédez tous les enseignements et les pratiques du Bouddha. Si vous manquez de compassion, vous n'avez rien compris du tout.

Tout comme nous avons distingué trois formes d'amour, il existe également trois formes de compassion :

— la compassion qui se réfère aux êtres sensibles ;

— la compassion qui se réfère au *dharma* ;

— la compassion sans référence à un objet particulier.

Le premier type de compassion est celui qui s'éveille en nous à la vue de la misère, des problèmes et des souffrances des autres êtres. Nous sommes émus, touchés, par cette souffrance et nous éprouvons le désir d'aider ceux qui souffrent à sortir de leur misère. Nous voulons faire quelque chose pour eux.

Le deuxième type de compassion marque une élévation de notre propre niveau de compréhension. Au premier stade, lorsque nous voyons la souffrance des autres, nous en sommes bouleversés. Cette souffrance nous affecte et nous fait souffrir personnellement. Accéder au deuxième type de compassion signifie que nous avons une compréhension accrue du dharma et des Quatre Nobles Vérités. Notre compassion devient alors plus profonde.

Le troisième type de compassion est celui qui accompagne la compréhension totale, la réalisation parfaite de la vraie nature des choses, shûnyatâ (vacuité). Nous réalisons alors que tous les êtres qui souffrent tant n'ont en fait aucun besoin de souffrir, qu'il s'agit juste de confusion, d'une façon erronée de voir et de penser. S'ils pouvaient regarder les choses différemment, sans conceptualiser, ils pourraient être libres de toute souffrance. La compassion devient très vive lorsqu'on voit clairement que la souffrance, pourtant omniprésente, est en fait si facile à éliminer. Ce qui sépare les êtres de la libération est une paroi si mince, un fil si ténu, et pourtant, par ignorance, par incompréhension de la vraie nature des choses, ils souffrent intensément et de manière parfaitement inutile. Étant passés nous-mêmes de l'autre côté, nous voyons ce gâchis, ce qui fait naître spontanément en nous une très grande compassion. Simultanément, nous perdons tout point de référence en comprenant que les êtres qui souffrent n'existent pas de la manière dont nous appréhendons communément leur existence. Bien sûr, même s'ils n'ont pas l'existence « solide » que nous leur prêtons ordinairement, au niveau relatif, c'est-à-dire de leur propre point de vue, ils souffrent énormément. La réalisation de la vraie nature des choses produit l'union de la sagesse et de la compassion. C'est le cœur même du bouddha : la compassion sans référence.

Ce dernier type de compassion est l'objectif des deux précédents mais bien sûr, pour commencer, nous devons développer la compassion en référence aux êtres.

La méthode qui nous permet de développer la compassion est identique à celle utilisée pour développer l'amour. Nous visualisons notre mère et imaginons qu'elle subit de grandes souffrances. Imaginons qu'elle soit torturée... Quelle ne serait pas l'intensité de notre compassion ! Or les êtres dans les enfers subissent continuellement de telles tortures. Selon la tradition, nous pensons à notre mère, mais vous pouvez visualiser à sa place la personne pour laquelle vous éprouvez le plus grand amour et ressentir à quel point vous l'aimez, à quel point vous lui souhaitez tout le bien possible et ne supporteriez pas qu'il lui arrive malheur. Ayant développé ce sentiment très fort, vous essayez ensuite de l'étendre à d'autres êtres, en prenant conscience que vous avez eu avec tous les autres êtres la relation que vous avez maintenant avec cette personne. Nous errons en effet dans le samsâra depuis si longtemps que tous les êtres ont été nos mères ou nos proches parents. Tous ces êtres ont eu pour nous le même amour, la même bonté que l'amour et la bonté que nous a témoignés notre mère dans cette vie. Il est donc normal de ressentir pour eux le même amour, la même gratitude et la même compassion que nous éprouvons pour notre mère actuelle.

L'idée de base est que si nous pouvons aimer très fort une personne, nous pouvons éprouver la même chose pour deux, dix, mille personnes ou plus. Nous développons d'abord la bienveillance et la compassion pour ceux qui nous sont très proches, puis nous étendons ces sentiments à ceux qui nous sont indifférents pour enfin inclure jusqu'à nos ennemis.

Au lieu d'imaginer notre mère ou une personne qui nous est chère, nous pouvons nous efforcer de ressentir ce que nous éprouverions si nous devions nous-mêmes subir les tortures épouvantables des différents mondes infernaux, et développer ainsi une grande compassion pour tous les êtres qui souffrent de la sorte.

Tous les êtres courent après le bonheur, le bien-être, la paix et la sécurité, mais par ignorance ils font juste le contraire de ce qui leur assurerait le bonheur durable qu'ils cherchent. Ils accumulent du mauvais karma et amassent encore et encore les causes de souffrances ultérieures. Comme des aveugles au milieu d'un désert brûlant, ils ne savent comment en sortir. Nous aspirons au bonheur et nous craignons la souffrance, et les autres êtres ne diffèrent en rien de nous sur ce point. Lorsque nous constatons cette évidence, nous souhaitons tout naturellement les aider.

Plus nous générons la compassion, plus elle nous devient naturelle. Lorsque nous méditons profondément et constamment sur la compassion, il arrive un moment où nous ne sommes plus que compassion, où tout égocentrisme, tout égoïsme disparaît. C'est ce qu'on appelle le « plein accomplissement » de la compassion.

La compassion ultime est la compassion sans références, la compassion qui s'éveille lorsqu'on réalise la vraie nature des choses. Elle est sans limites et parfaitement égale : on n'éprouve pas plus de compassion pour une personne que pour une autre. C'est ce qu'on appelle la compassion inséparable de la sagesse. La compassion ultime n'est autre que l'esprit d'un bouddha.

Gampopa cite le texte qui traite de *La Réalisation d'Avalokiteshvara*, qui dit :

Il existe une chose qui, serait-elle la seule qu'on possédât, revient à tenir toutes les qualités des bouddhas dans le creux de sa main. Quelle est-elle ? La grande compassion.

Il cite aussi le *Soutra secret des Tathâgatas* [a] qui dit : *L'essence de la sagesse primordiale omnisciente s'enracine dans la seule compassion.*

Si vous avez développé l'amour qui souhaite le bonheur de tous les êtres, et la compassion qui vous fait éprouver le désir sincère de tous les libérer de la souffrance, vous ne pouvez plus souhaiter seulement votre propre libération et de ce fait, que vous le vouliez ou non, vous êtes devenu un bodhisattva.

Pour devenir un bouddha pleinement éveillé, nous devons nécessairement devenir des bodhisattvas au préalable. Le développement de l'amour et de la compassion est donc la voie même, la voie directe qui mène à l'Éveil.

Même au niveau relatif, avoir un cœur plein d'amour bienveillant et de compassion résout tous nos problèmes temporaires. Si nous ne sommes que bienveillance et compassion, comment pourrions-nous avoir des problèmes psychologiques ou des troubles mentaux ? De tels problèmes naissent de l'égocentrisme, de l'attachement au soi et de la peur qui en découle. Sans attachement pas de peur, et sans peur pas de problèmes !

La tolérance pourrait être le premier pas vers la compassion. Il s'agit de pardonner, de ne pas garder rancune. C'est s'efforcer de comprendre plus profondément les motivations d'autrui sans répondre au mal par le mal, attitude sur laquelle la compassion peut naître. La compassion, c'est

[a] *Tathâgatâcintyaguhyanvidesha.*

essayer de résoudre les problèmes sur cette base. Si quelqu'un veut nous nuire, nous ne répondons pas à la haine par la haine, mais, en plus, nous souhaitons aider notre adversaire à se débarrasser de cette haine ou de ce qui le pousse à nous faire du mal.

Je ne crois pas qu'il y ait vraiment de limites à notre propre tolérance. La voie des bodhisattvas s'échelonne en fonction de notre propre niveau d'endurance. Jusqu'où pouvons-nous aller ? Si nous n'éprouvons pas de regret en donnant un verre d'eau, nous ne donnons qu'un verre d'eau. Si nous n'éprouvons pas plus de regret en donnant notre vie, nous pouvons donner celle-ci. Si nous prenons la tolérance comme une forme de patience, elle est sans limites. Néanmoins, il faut considérer certains éléments. Si nous faisons un grand sacrifice pour un petit résultat, mieux vaut s'abstenir de ce sacrifice. Par contre, si notre sacrifice profite largement aux autres, il n'y a pas à hésiter. Quoi qu'il en soit, nous ne devons pas tolérer les mauvaises actions, que ce soient celles des autres ou les nôtres.

Il ne faut pas confondre tolérance et passivité. La tolérance ne veut pas dire tout supporter, se laisser exploiter et accepter les coups. Il y a des limites.

Il y a aussi certaines choses vis-à-vis desquelles la tolérance est déplacée, comme par exemple les poisons mentaux. Il n'est pas question d'être tolérant avec notre propre colère au point de la laisser grossir et nous dominer. Il n'est pas question d'être tolérant vis-à-vis de ceux qui tuent et oppriment d'autres personnes et de les laisser faire. Ce ne serait pas là une bonne forme de tolérance. Il ne faut pas recourir à la violence, aux armes et au conflit pour autant, mais nous ne devons pas tout accepter passivement. Nous pouvons défendre fermement mais sans violence ce que nous croyons être juste.

IV.

Le refuge

Nous pourrions définir le livre de Gampopa comme un manuel pour atteindre la bouddhéité, qui est la forme la plus accomplie du nirvâna. Pour y parvenir, la *bodhicitta* est indispensable. La bodhicitta est le vœu, la grande aspiration d'atteindre la bouddhéité au bénéfice de tous les êtres. C'est se dire : « Je voudrais amener tous les êtres au bonheur complet, à la cessation de toute souffrance, à l'Éveil, à la bouddhéité ».

Il y a deux types de bodhicitta : la bodhicitta de l'aspiration et la bodhicitta de l'action. La première est une simple aspiration par laquelle on se dit : « Je voudrais qu'aucun être ne souffre et que tous puissent trouver la paix et le bonheur éternels. » On parle de bodhicitta de l'action dès que l'on dépasse le stade du simple souhait pour passer à l'action.

Dans la tradition d'Atisha Dipankara, suivie par Gampopa, on considère qu'il faut avoir préalablement pris refuge ou prononcé les vœux du *vinaya* – qui concerne les règles de conduite établies par le Bouddha, pour les moines, les nonnes et les laïcs – pour être capable de développer la véritable bodhicitta. En effet, le simple désir ne suffit pas : nous avons beau vouloir que tous les êtres échappent à leurs souffrances et atteignent la libération totale, nous ne savons pas comment nous y prendre. Sans modèle, sans exemple, nous sommes désemparés. Pour savoir comment et par où commencer, nous avons besoin de l'aide de quelqu'un qui sait et qui a la capacité de transmettre ce savoir. Adopter une telle démarche, c'est prendre refuge. On peut chercher refuge dans beaucoup de choses. Si nous n'avons nulle part où dormir, une maison sera notre refuge. S'il pleut, nous nous réfugierons sous un abri, si nous avons faim, nous trouverons refuge dans un restaurant. Un refuge, c'est ce qui satisfait un besoin spécifique. Dans le cas précis qui nous occupe, nous cherchons un refuge pour échapper aux souffrances du samsâra. Nous avons compris qu'il n'y a de bonheur durable dans aucun des royaumes, à aucun des niveaux du samsâra, et nous voulons en sortir définitivement. Encore faut-il savoir comment. Si tel est notre objectif, ce qui nous permettra de le réaliser sera notre refuge. La personne auprès de laquelle nous prenons refuge doit avoir le pouvoir, le savoir, la volonté et la compassion requis pour nous protéger de la souffrance et nous indiquer la voie. Le bouddha (notre objectif), le dharma (les enseignements) et la sangha (nos guides) sont seuls à répondre à ces critères. C'est pourquoi tout bouddhiste prend traditionnellement refuge dans le bouddha, le dharma et la sangha.

Selon le mahâyâna, le véritable refuge est le bouddha.

Le prince Siddharta, qui s'est libéré des souffrances du samsâra pour devenir un bouddha il y a deux mille cinq cents ans, est un modèle, un idéal pour nous tous. Il nous a montré le but, l'objectif correct : nous avons tous cette nature de bouddha en nous, ce potentiel de bouddhéité, qu'il nous faut reconnaître et réaliser. En l'acceptant, nous essayons de suivre les étapes du chemin, de manière à réaliser notre potentiel. Actualiser ce potentiel d'éveil présent en nous et en tous les êtres est l'élément le plus important du refuge.

Le prince Siddharta a atteint l'état de bouddha par ses propres efforts, sa propre compréhension des enseignements et à travers l'exemple des autres bouddhas qui l'ont précédé. Il dit, dans les Quatre Nobles Vérités : « Je suis libéré des souffrances samsariques et je sais comment y parvenir. »

Il a expliqué très clairement comment et pourquoi les souffrances du samsâra nous accompagnent – c'est la première Noble Vérité, la Vérité de la souffrance.

Il a détaillé les origines de cette souffrance – c'est la deuxième Noble Vérité : la Vérité de l'Origine de la souffrance.

Il a annoncé qu'il était possible de s'en libérer – c'est la troisième Noble Vérité : la Vérité de la Cessation.

Il a finalement présenté un chemin progressif, que nous pouvons suivre, pour quitter le samsâra, c'est la quatrième Noble Vérité : la Vérité de la Voie.

Il nous a non seulement donné le « manuel » pour comprendre les souffrances de ce monde, mais aussi la « carte » pour en sortir. Il est donc notre seul modèle, le seul guide qui ait l'expérience requise pour nous conduire jusqu'au but. On ne peut donc trouver de personne plus qualifiée en qui prendre refuge.

En dehors du cadre strictement historique, un bouddha est quelqu'un qui a abandonné tout ce qui devait être abandonné et accompli tout ce qui devait être accompli. Il s'est purifié de toutes ses émotions négatives et de toute confusion. Sa sagesse est totalement éveillée. Le nom *bouddha* vient de la racine sanscrite *bodh*, qui signifie « compréhension », « savoir ». Un bouddha est donc celui qui comprend tout ce qui doit être compris.

En tibétain, la traduction est encore plus claire. On dit *sang-guié*. *Sang* signifie « éveillé » et *guié* signifie « ouverture ». *Sang-guié* veut donc dire celui qui s'est éveillé, qui est sorti de l'ignorance et dont la sagesse s'est épanouie de manière à embrasser tous les phénomènes.

Nous considérons le Bouddha comme un modèle à imiter, un idéal à atteindre, mais nous devons aussi comprendre que la nature de bouddha est présente en chaque être sensible. Nous avons donc tous cette qualité potentielle de devenir des êtres pleinement éveillés. C'est avec cet objectif que nous nous engageons sur la voie. L'élément essentiel de la prise de refuge, c'est cette reconnaissance de la possibilité qui est nôtre de devenir des êtres totalement éveillés et de comprendre que nous partageons ce potentiel avec tous les êtres.

En prenant refuge dans le bouddha, nous donnons à notre vie un sens, une direction, un objectif et, ce faisant, nous prenons automatiquement refuge dans le dharma et la sangha. En effet, la seule manière d'atteindre le degré de conscience d'un bouddha est de prendre ses enseignements comme mode de vie et d'en appliquer les méthodes. Quand on agit de la sorte, on prend refuge dans le dharma.

On distingue deux sortes de dharma :

— les enseignements oraux du Bouddha et les

instructions, la guidance, les méthodes transmises par la lignée de ses étudiants ;

— le « vrai » dharma, qui comprend le « dharma de la voie » (c'est-à-dire la compréhension et l'expérience du dharma), et le « dharma de la cessation » (qui correspond au moment où nous atteignons le résultat final de notre pratique).

Ces enseignements et ces instructions, nous les recevons de la sangha, qui est la communauté des pratiquants, nos « compagnons de voyage » dans le dharma, ceux qui le pratiquent et qui en ont reçu les enseignements de génération en génération. Les membres de la sangha sont ceux qui vivent avec nous et nous donnent les instructions relatives au dharma. Nous ne pourrions y avoir accès sans leur aide et leur guidance. Ils nous montrent les étapes, nous soutiennent pas à pas et nous mettent en garde afin d'éviter les erreurs et les pièges.

Il y a aussi deux types de sangha : celle des êtres ordinaires, qui regroupe les *guélongs* ou *bikshous* (moines ou nonnes pleinement ordonnés) et celle des bodhisattvas (arya sangha ou sangha suprême). Dès qu'il y a plus de quatre bikshous ou bodhisattvas ensemble, on parle de sangha.

Selon les personnes, on souligne davantage l'importance de l'un ou l'autre de ces aspects du refuge. Ceux pour qui l'approche intellectuelle est difficile, ou qui n'ont pas un caractère très indépendant, qui aiment suivre un groupe, obtiendront de meilleurs résultats en s'intégrant dans une communauté de pratiquants. L'accent est alors mis sur la sangha. En la suivant, ils apprennent comment pratiquer le dharma, et finalement parviennent à comprendre le Bouddha.

Pour ceux qui ne veulent pas dépendre des autres et être impliqués dans un groupe, l'accent est mis sur le dharma. Ce dernier est présenté comme le vrai refuge, puisque c'est à travers le dharma que l'on réalise le bouddha et qu'on est en contact avec la sangha. On souligne que comprendre le dharma est l'essentiel.

Cependant, selon le bouddhisme mahâyâna, le refuge principal reste le bouddha. L'*Uttaratantra Shastra* [a] et d'autres textes centraux du mahâyâna expliquent en détail que le bouddha est le seul refuge ultime. Ils nous font comprendre que nous pouvons devenir des bouddhas, et que ce doit être là notre but.

Nous devons dès lors avoir une idée de ce qu'est un bouddha, car à quoi bon souhaiter devenir ce dont nous ignorons tout !

Comme il n'y a pas d'explication simple pour définir ce qu'est un « bouddha », on tente d'approcher sa nature par différents angles. Habituellement, on le définit comme un être qui a complètement développé sa sagesse et sa compassion.

On dit aussi que le bouddha possède les trois *kâyas*, qui sont le dharmakâya, le sambhogakâya et le nirmânakâya [b].

---

[a] Tib. : *rgyu bla ma, Le Sublime Continuum,* un des cinq traités d'Asanga dont le contenu lui fut transmis par le Bouddha Maitreya.

[b] Dans certains textes on parle de deux kâyas, il s'agit alors du dharmakâya et du rûpakâya. Dans d'autres textes, on parle de quatre kâyas et, même, dans le Tantrayâna, de cinq kâyas. Mais dans la plupart des textes du mahâyâna, on mentionne trois kâyas.

Cette notion n'est pas toujours très bien comprise. Cela ne signifie pas que le bouddha ait différentes formes, mais que ce que nous appelons « bouddha » peut être décrit sous trois angles, sous trois aspects.

Le *dharmakâya* indique l'absence de toute pensée dualiste du type « ceci c'est moi » et « ceci ce sont les autres », « ceci est bien », et « ceci est mal ». Un bouddha est libre de tels concepts parce qu'il a parfaitement réalisé la vacuité ou shûnyatâ. Certains pensent que l'absence de toute perception dualiste implique que toute distinction entre soi et les autres disparaît, que l'on plonge dans le néant, comme si l'on était « atomisé » ou que l'on sombrait dans un coma profond. Ils se demandent dès lors ce qu'il peut bien y avoir de souhaitable à un tel état. Certains en concluent qu'il est préférable d'abandonner toute pratique spirituelle et de se contenter de poursuivre les plaisirs de ce monde.

C'est oublier que ce n'est pas le seul aspect qui caractérise un bouddha.

Si le dharmakâya est la réalisation complète, totale, de ce que nous appelons « l'esprit de bouddha » dans son état pur et originel, libre de toute dualité et émotion négative, le sambhogakâya, quant à lui, s'il est aussi caractérisé par l'absence de concepts, de dualité et d'émotions négatives, implique la présence des différentes sortes de sagesse. La « nature de bouddha » n'est pas un terne sommeil profond mais elle vibre au contraire de forces très vives : c'est ce que l'on appelle les « cinq sagesses ». Très brièvement, les cinq émotions négatives peuvent être transformées en cinq sagesses. La « nature de bouddha », loin d'être un néant, comprend aussi des aspects énergétiques. Elle n'est pas seulement une connaissance claire, mais elle possède aussi ces énergies, ces sagesses. Remarquons d'ailleurs que dans l'art religieux tibétain, les formes du sambhogakâya sont toujours jeunes et princières, parées d'ornements multiples qui illustrent la vivacité, l'éclat, le brillant de cet aspect de la bouddhéité.

Le troisième aspect est le nirmânakâya. Lorsqu'on devient un bouddha, on ne disparaît pas de ce monde. Il y a le flux, la continuité du bouddha dont les émanations ne s'arrêtent jamais. Tout comme nous expérimentons cette vie et la succession des renaissances au sein du samsâra, quand on devient totalement éveillé, « l'esprit de bouddha » continue à se manifester sous toutes les formes qui sont nécessaires et utiles au bien des êtres. Un bouddha n'a plus de pensées limitées et égoïstes, il peut manifester des émanations innombrables, sans limitations d'espace, de temps et de nombre. Ces manifestations sont ce qu'on appelle le nirmânakâya.

Lors de la cérémonie de refuge, on devient formellement « bouddhiste ». Devenir un vrai bouddhiste demande pourtant plus : c'est un véritable choix de vie. C'est fixer un but à sa vie.

On prend traditionnellement refuge auprès d'un lama ou auprès d'un bouddha ou d'un bodhisattva que l'on visualise. Il existe différentes manières de prendre refuge que je ne détaillerai pas ici.

Au cours de cette cérémonie, on prononce différents vœux par rapport à chacun des trois objets de refuge : trois vœux principaux, trois vœux liés aux actions positives et trois vœux liés aux actions négatives.

Le premier des trois vœux généraux est de se souvenir sans cesse du bouddha, du dharma et de la sangha, de les avoir constamment à l'esprit, quoi que nous fassions, en nous levant, en mangeant, où que l'on aille, et de leur faire mentalement des offrandes.

Par le deuxième vœu, nous nous engageons à ne pas abandonner le refuge des « Trois Joyaux », que ce soit pour obtenir de grandes récompenses ou pour éviter de grandes pertes.

Le troisième vœu général est de répéter la prière de refuge le plus souvent possible et de penser aux qualités et aux bienfaits du refuge.

Les vœux spécifiques liés aux actions négatives sont aussi au nombre de trois :

— notre refuge ne peut être rien de moins que le Bouddha totalement éveillé. On ne prend pas de « petits refuges [a] » ;

— après avoir pris refuge dans le dharma, on doit essayer d'éviter toute forme de violence, de ne blesser ou tuer aucun être vivant. Le dharma, en essence, est non-violence ;

— après avoir pris refuge dans la sangha, on doit éviter d'être entraîné en mauvaise compagnie et de commettre des actions négatives sous l'influence de mauvais amis. Cela ne veut pas dire que vous ne puissiez avoir parmi vos amis un voleur, un

[a] C'est-à-dire des dieux, des divinités, les esprits, les forces élémentaires, etc.

alcoolique ou un joueur, mais que vous ne devez pas vous laisser entraîner à imiter leur mauvais comportement.

Les trois vœux positifs sont d'avoir du respect :
— pour les images et les statues du Bouddha ;
— pour les livres et documents qui représentent le dharma ;
— pour les membres de la sangha, les moines, les nonnes ainsi que pour toute représentation des Trois Joyaux.

Les bienfaits de la prise de refuge sont au nombre de huit :
— on devient bouddhiste [21], à savoir quelqu'un qui se concentre sur son développement intérieur ;
— on reçoit ainsi la base des préceptes ultérieurs et des développements futurs ;
— on purifie le mauvais karma provenant des actions négatives passées ;
— on est protégé des attaques des hommes et des esprits ;
— on sera en mesure d'accomplir tous ses vœux ;
— on accumule du mérite tout le temps, en vertu du but important qu'on s'est fixé ;
— on ne retombe plus dans les royaumes inférieurs ;
— enfin, on est sur le chemin de l'Éveil.

V.
La bodhicitta

Gampopa cite *L'Ornement de la réalisation parfaite* [a], un des cinq traités transmis par Maitreya à Asanga, qui dit :

Développer la bodhicitta signifie aspirer à l'Éveil authentique et parfait pour le bien des autres.

« Bodhi » signifie « esprit de bouddha » ou la compréhension, le savoir, la réalisation. « Citta » est l'esprit. Bodhicitta signifie donc « l'esprit de la bodhi ».

L'esprit de bouddha, la bodhi, a les aspects de la sagesse et de la compassion. Pour devenir un bouddha il est nécessaire de développer la sagesse et la compassion. La bodhicitta englobe les deux.

On distingue :
— la bodhicitta ultime ;
— la bodhicitta relative.

La bodhicitta ultime équivaut à la sagesse, tandis que l'aspect compassion est le cœur de la bodhicitta relative.

La bodhicitta ultime

C'est la réalisation de la vérité, de la nature ultime, de la réalité complète. C'est la nature de bouddha, l'esprit éveillé, qui embrasse, qui imprègne tous les phénomènes.

Gampopa définit la bodhicitta ultime comme :

---

[a] Sans. : *Abhisamayâlankâra*. Tib. : *mngon rtogs rgyan*.

... la vacuité qui a la compassion pour essence, lumineuse et immuable et libre de toute élaboration conceptuelle...

C'est également ainsi qu'elle est présentée dans les soutras.

Arrivé au premier bhumi, un bodhisattva l'expérimente pour la première fois. C'est cette expérience, même fugitive, de la bodhicitta ultime qui définit en fait son entrée dans ce premier bhumi. Elle naît de la compréhension et de la méditation sur la vue correcte. La compréhension intellectuelle de ce qu'est la vraie nature de l'esprit et des phénomènes (tous les phénomènes étant perçus par l'esprit) précède largement le premier bhumi. C'est à ce niveau que nous en faisons l'expérience par le premier éclair de bodhicitta absolue. Il faut bien comprendre que la compréhension intellectuelle est nécessaire mais non suffisante et qu'elle doit s'intégrer de façon indissociable à notre expérience pour devenir ce qu'on appelle une « réalisation ».

Plus clairement on perçoit cette nature, plus on progresse de bhumi en bhumi, pour finalement atteindre le dernier niveau, le dixième bhumi qui est celui de la réalisation complète. Tous les voiles de la confusion sont alors dissipés : c'est la bouddhéité.

Notre progrès sur la voie du bodhisattva se mesure par le degré de clarté avec lequel nous percevons la vraie nature de notre esprit.

La bodhicitta ultime ne peut être atteinte que par la pratique, l'étude et la réflexion et non par les vœux, les bénédictions, etc.

Il y a trois manières de générer la bodhicitta ultime. Il y a d'abord l'étude, la compréhension profonde que l'on peut acquérir des enseignements du bouddha. Il y a ensuite l'accumulation de mérites et de sagesse. Finalement, il y a la réalisation de la sagesse par le développement, et ensuite l'émergence de la sagesse parfaitement pure, non conceptuelle.

On peut développer cette bodhicitta par l'inspiration que l'on reçoit de son guide spirituel, si on a un tel guide. Nous pouvons aussi générer la bodhicitta par le pouvoir de notre compassion naturelle qui est le fruit de notre karma. Accomplir des actions positives, réfléchir, mieux comprendre la bodhicitta, prendre la méditation et la pratique comme mode de vie sont aussi des moyens de la développer. Certaines méthodes sont toutefois plus stables que d'autres. La bodhicitta née de l'inspiration est moins stable que celle engendrée par la pratique, l'étude et la réflexion.

La bodhicitta relative

Elle comporte deux niveaux :

— la bodhicitta de l'aspiration ;

— la bodhicitta de l'action.

À ce sujet, il y a une légère différence entre l'optique de Nâgârjuna et celle d'Asanga. Selon la définition de Nâgârjuna, suivie par Shântideva et Gampopa, la différence entre ces deux types de bodhicitta est la même que celle qui existe entre dire « Je veux aller à Paris » et s'y rendre vraiment.

La bodhicitta de l'aspiration est le fait de penser : « Les êtres en nombre infini qui peuplent l'univers jusqu'aux confins de l'espace désirent tous le bonheur complet et ont horreur de la souffrance. Cependant, tant qu'ils seront dans la confusion et l'ignorance, ils continueront de souffrir. Le seul état exempt de toute souffrance est le parfait Éveil. » On prend alors l'engagement d'atteindre l'Éveil pour le bien de tous les êtres, de manière à pouvoir les délivrer de cette souffrance.

Un tel vœu, combiné au profond désir de le réaliser, est la bodhicitta de l'aspiration.

Prendre les mesures pour réaliser ce souhait, par exemple en prenant des vœux et en les observant, en ouvrant un resto du cœur, en essayant d'être plus tolérant, ou en suivant un programme de méditation ou d'études, tout ce qui va dans le sens de l'accomplissement de notre aspiration est (selon Shântideva) la bodhicitta de l'action. Il dit à ce sujet :

De même qu'il connaît la différence entre vouloir partir et partir pour de bon,

Le sage se devra de connaître dans l'ordre la différence entre les deux attitudes.

Selon Asanga, s'engager à obtenir un résultat est la bodhicitta de l'aspiration et prendre l'engagement de mettre en œuvre les moyens d'y parvenir, s'atteler à la cause, est la bodhicitta de l'action. En d'autres termes, dire : « Je veux devenir un bouddha pour le bien de tous les êtres » correspond à la bodhicitta de l'aspiration ; notre objectif est clair mais nous n'avons encore rien fait pour l'atteindre. Par contre, si nous ajoutons : « Pour y parvenir, je vais pratiquer les six pâramitâs », cela devient alors la bodhicitta de l'action.

Les causes qui nous permettent de développer la bodhicitta relative sont :

— avoir un bon guide spirituel qui nous inspire ;
— la force de notre karma par lequel nous éprouvons une compassion naturelle. Ce karma positif consiste en une grande accumulation de mérites et de sagesse, par les différentes pratiques, l'étude et la méditation.

Les causes qui permettent de générer la bodhicitta ultime sont au nombre de trois :
— une profonde compréhension des enseignements du Bouddha ;
— une grande accumulation de mérites et de sagesse ;
— la réalisation de la sagesse primordiale non conceptuelle.

La bodhicitta de l'action tire son inspiration de la bodhicitta de l'aspiration qui se concrétise, par exemple, par la prise des vœux de bodhisattva auprès de son gourou ou d'un enseignant. Il est préférable de prendre ses vœux auprès d'un enseignant, même si cela implique un voyage long et difficile. Toutefois, si c'est impossible, on peut prendre ses vœux en l'absence d'un gourou de deux manières. On peut placer devant soit l'image d'un bodhisattva ou du Bouddha, en se rappelant qu'un bouddha ou un bodhisattva est toujours présent quand on le désire. À défaut d'image, on peut visualiser le Bouddha ou le bodhisattva dans le ciel au-dessus de notre tête. On prononce alors la formule : « Devant tous les bouddhas et les bodhisattvas, je prends les vœux de bodhisattva. » Dès que nous avons prononcé ces vœux, il est dit que tout ce que nous faisons (ou ne faisons pas) nous fait accumuler les mérites d'un bodhisattva, parce que nous nous sommes fermement engagés à en devenir un.

Cet engagement témoigne de la plus grande compassion, puisqu'il s'agit du vœu d'aider non pas seulement un, deux, dix mille ou cent mille mais tous les êtres sensibles, de partout, de tous les univers. Ce que l'on souhaite pour eux, c'est qu'ils soient tous, sans exception, libérés même de la plus petite souffrance du samsâra. On prie pour que tous trouvent le plus grand bonheur possible, qui est l'Éveil, la bouddhéité. On prie pour que le meilleur advienne, non pas à un nombre limité de personnes, mais à un nombre illimité d'êtres, tous ceux qui existent et existeront partout. C'est la pensée la plus haute et la plus noble que l'on puisse concevoir.

Il y a deux traditions légèrement différentes quant à la manière de prononcer les vœux de bodhisattva. L'une remonte à Manjushri et Nâgârjuna, l'autre à Maitreya et Asanga.

Selon la tradition d'Asanga, les vœux de la bodhicitta de l'aspiration et les vœux de la bodhicitta de l'action sont pris séparément, alors qu'ils sont pris simultanément selon la tradition de Nâgârjuna.

Habituellement, la cérémonie comprend trois étapes : la préparation, la prise de vœux proprement dite et la phase finale.

La préparation commence par la prière en sept branches :

— on rend hommage ;

— on fait des offrandes ;

— on se purifie par la confession ;

— on se réjouit des actes positifs accomplis par soi-même et par les autres ;

— on supplie les bouddhas, les bodhisattvas et

tous les êtres réalisés de ne pas quitter le samsâra pour le nirvâna ;

— de continuer à répandre le dharma ;

— finalement on dédie tous les actes positifs que l'on a pu accomplir à la réalisation complète de l'Éveil par tous les êtres.

La prière en sept branches se trouve dans presque toutes les *sâdhanas* [22] bouddhistes tibétaines et constitue une partie très importante de la pratique. Elle précède ici la prise des vœux de bodhisattva pour souligner l'importance de l'événement.

Soulignons trois vers de cette prière :

Le premier a trait aux offrandes faites aux bouddhas et aux bodhisattvas. Ces offrandes ne portent pas nécessairement sur des choses réelles que nous possédons. On peut aussi imaginer et donner en offrande ce que nous trouvons beau et que nous désirons, même si ces choses ne nous appartiennent pas. C'est une excellente pratique, car nous ne les désirons plus pour nous-mêmes. En les considérant comme des offrandes, nous ne développons plus alors d'attachement envers ces objets.

Le deuxième vers concerne la confession et la purification. Quels que soient les actes négatifs commis ou que nous croyons avoir commis, quel que soit le karma négatif accumulé (que nous nous le rappelions ou pas), il importe de garder à l'esprit qu'il n'est rien qui ne puisse être purifié.

Pour ce faire, ces éléments doivent être réunis :

— nous devons d'abord reconnaître avoir commis un acte négatif ;

— en éprouver du regret, qu'il ait été commis volontairement ou pas ;

— il faut ensuite nous engager à ne plus recommencer.

Une fois ce courant de pensée établi, nous nous purifions devant les bouddhas ou les bodhisattvas par la méditation, la prière, la récitation de mantras ou toute pratique similaire.

Si nous faisons cela avec sincérité, du plus profond de nous-mêmes, il n'y a rien que nous ne puissions ainsi purifier.

Après avoir récité la prière en sept branches, nous devons nous sentir totalement purifiés. Ce qui reste de nos actions négatives se trouve « stocké » dans notre mental, inscrit dans notre mémoire, à un niveau conscient ou inconscient [a]. Quand cette mémoire devient complètement claire, notre karma est alors purifié. Il ne subsiste aucune trace des actions négatives. Cette confession – cette purification – est un des éléments les plus importants de la préparation.

Le septième verset, la dédicace, est aussi essentiel. Cette dédicace doit être large, généreuse, spacieuse, sans limitations.

Parmi les techniques des bodhisattvas, les deux principales sont l'aspiration et la dédicace. Toute pratique doit être précédée par le développement de l'aspiration. Quoi que nous fassions, ce doit l'être au bénéfice de tous les êtres, même si ce n'est que la

[a] Dans certaines écoles du bouddhisme, on parle de la huitième conscience, l'*âlaya* ou « conscience base de tout », sorte de « réceptacle » de tous les « résidus karmiques », où vont se déposer les empreintes, les traces de nos actes, et de tout ce qui nous conditionne.

récitation d'un seul mala [a] du mantra *Om Mani Péme Houng* ou une courte session de méditation. Cela devient alors un événement porteur de grandes conséquences et d'un puissant karma positif. De même, nous devons clore toute pratique par une dédicace de celle-ci au bénéfice de tous les êtres (afin qu'ils atteignent tous l'Éveil), ce qui en multiplie les effets. On dit que, quelle que soit la longueur de la pratique ou l'ampleur de l'offrande, une dédicace faite dans un but précis, spécifique, permettra peut-être d'obtenir le résultat recherché, sans plus. En revanche, une pratique même courte accompagnée d'une dédicace très large entraîne un mérite beaucoup plus grand et surtout récurrent, c'est-à-dire que les effets positifs se font sentir jusqu'à ce que le souhait mentionné dans notre dédicace soit accompli. Notre dédicace doit donc être aussi large, grande et ambitieuse que possible. Tout objectif personnel, spécifique doit faire l'objet d'une seconde dédicace. C'est ainsi que procède un bodhisattva.

Prononcer les vœux de bodhisattva n'est pas un simple événement dépourvu de conséquences. Cette décision a une grande incidence sur la suite de notre vie. Si un mariage nécessite de grands préparatifs (car c'est en principe un engagement pour la vie), les vœux de bodhisattva constituent un plus grand engagement encore : c'est comme si on se « mariait » avec tous les êtres de tous les espaces et de tous les temps à venir, jusqu'à ce qu'on atteigne l'Éveil, ce qui prendra peut-être de nombreux

[a] Rosaire de cent huit grains utilisé pour compter la récitation de mantras ou de prières.

kalpas – ère cosmique. C'est donc un événement important auquel nous devons bien nous préparer. Je pense que ce devrait être l'occasion d'une grande fête. La cérémonie elle-même est très simple. Pour prononcer les vœux de bodhisattva, il suffit de répéter trois fois la formule suivante après l'enseignant :

Tout comme les bouddhas du passé ont développé la bodhicitta et s'y sont entraînés graduellement, de même, je fais naître en moi la bodhicitta pour le bien de tous les êtres et je pratiquerai progressivement dans leur ordre tous les exercices qui y contribuent.

Le mot important ici est « progressivement ».

On ne peut pas ressembler dès le départ à un bouddha du dixième bhumi, mais on peut essayer d'être comme lui lorsqu'il a commencé. Comme lui, on avance par étapes, sans hâte inutile. Nous sommes peut-être partis pour des centaines et des milliers de vies. Nous avançons progressivement, sans excès, sans tensions ni nervosité, mais constamment. C'est très important. Un trop grand enthousiasme de départ risque de nous pousser à vouloir aller trop vite. Nous en ferons trop et comme nous ne sommes pas préparés, la désillusion et le découragement seront bientôt au rendez-vous. Nous risquons de perdre de vue notre but initial, c'est-à-dire travailler pour soulager tous les êtres de leurs souffrances, et de perdre ainsi nos vœux de bodhisattva.

C'est comme pour la générosité. On peut donner tout ce qu'on veut, du moment que c'est volontairement et avec plaisir. Au début, on ne sera peut-être capable que de donner un verre d'eau sans regret, sans sentiment de sacrifice, spontanément et joyeusement. Lorsque cette générosité grandit, il nous devient facile de donner même un objet de grande valeur. À la fin, peut-être serons-nous capables de donner jusqu'à notre corps, parce que nous n'éprouverons pas plus d'attachement pour celui-ci que pour le verre d'eau du début.

L'exemple suivant illustre le danger d'en faire trop, trop vite.

Il y a très longtemps, vivait un bodhisattva d'une grande diligence qui voulait progresser le plus rapidement possible. Il annonça publiquement qu'il donnerait tout ce qu'on lui demanderait. Certains vinrent alors pour de l'argent, d'autres pour de la nourriture. Il était très riche. Un jour, un brahmane assez désagréable vint lui demander : « Est-il vrai que tu es prêt à donner tout ce que les gens te demandent ? » Le bodhisattva répondit : « Oui, je donne volontiers tout ce que j'ai, tout ce que vous demandez. » Le brahmane lui demanda alors : « Donnez-moi votre main droite. » Le bodhisattva prit un couteau et se coupa la main pour la donner au brahmane. Le brahmane dit alors : « Jamais je ne pourrais accepter un cadeau offert de la main gauche, c'est trop impoli de votre part [a] ! » C'en fut trop pour le bodhisattva qui s'écria alors : « C'est fini ! Je ne donne plus rien à personne ! Je ne suis plus un bodhisattva ! Sortez ! », et il abandonna la voie des bodhisattvas.

La prise des vœux de bodhisattva est suivie d'une offrande de gratitude envers l'enseignant, et se clôture par une dernière célébration. On se réjouit alors d'avoir accompli quelque chose de grand, de positif.

En ce qui concerne l'offrande de gratitude, ceux

[a] En Inde, il est extrêmement impoli de servir de la main gauche.

qui possèdent beaucoup de biens peuvent faire de riches offrandes, tandis que ceux qui ne possèdent rien ne peuvent rien offrir. De nombreuses histoires relatent la vie des bouddhas. Certains offrirent des milliards de pièces d'or lorsqu'ils prononcèrent pour la première fois les vœux de bodhisattva, alors que d'autres n'offrirent qu'un brin d'herbe. Ce n'est pas la valeur matérielle de l'offrande qui compte mais l'esprit dans lequel celle-ci est faite, la pureté de la motivation.

VI.

Les instructions pour le développement de la bodhicitta de l'action : les six pâramitâs

Nous en arrivons maintenant aux préceptes de la bodhicitta de l'action.

Nous pouvons résumer toutes les pratiques des bodhisattvas en trois mots :

— moralité (conduite éthique) ;
— méditation ;
— sagesse.

Ces trois entraînements ne sont rien d'autre que les six pâramitâs, qui sont en quelque sorte les « préceptes » des bodhisattvas, la manière dont ils doivent s'efforcer d'agir et de vivre. Littéralement, *pâramitâ* signifie « aller au-delà », « transcender [23] ». Leur pratique nous permet de surmonter nos poisons mentaux, de transcender la notion de samsâra et de voir la vraie nature des choses. Elles sont les méthodes qui nous permettent d'atteindre l'Éveil.

Les quatre premières pâramitâs, la générosité, la conduite éthique, la patience et la persévérance, sont relatives à la manière de vivre correcte. La cinquième n'est autre que la méditation et la sixième la sagesse.

Les six pâramitâs sont au cœur de toutes les actions d'un bodhisattva, de celui qui s'entraîne à devenir quelqu'un qui œuvre vraiment pour les autres.

La pratique des trois premières pâramitâs nous assure une vie heureuse dans le samsâra. Nous pourrions dire que, tant qu'à demeurer dans le samsâra, autant être riche que pauvre. Or, seuls, cultiver l'art de donner et la générosité peuvent nous apporter cette prospérité. Dans le même ordre de logique, autant être en bonne santé plutôt que malade, ce qui implique de respecter un code de bonne conduite morale, puisqu'il est dit que ceux qui vivent de manière éthique bénéficient d'une bonne santé. De même, si nous souhaitons vivre dans un environnement agréable et avoir de bonnes relations avec notre entourage, nous devons développer la patience.

Les trois pâramitâs suivantes nous aident, en revanche, à sortir du samsâra. La persévérance est nécessaire pour développer toutes les qualités qui sont en nous. La méditation est aussi un outil indispensable. C'est elle qui nous mène à la sagesse, qui est la sixième pâramitâ.

Si nous nous entraînons aux six pâramitâs, nous aurons la prospérité en cette vie et toutes les conditions nécessaires pour nous libérer des souffrances du samsâra.

Les six pâramitâs sont présentées dans l'ordre logique de notre progression sur la voie des bodhisattvas.

Nous débutons par la pratique du don, qui nous permet de devenir moins égoïstes et moins envieux. Dès qu'on est moins possessif, tant envers les choses qu'envers les gens, il est plus facile d'adopter un code de conduite morale, puisque la base d'une bonne conduite est le non-attachement. De même, une conduite éthique est la base, le fondement, de la patience. En effet, la patience et la tolérance se développent à partir de l'autodiscipline. Une fois qu'on est patient, il est aisé de développer la persévérance puisqu'elle n'est autre que la capacité de s'appliquer intelligemment, de soutenir son intérêt dans tout ce qu'on fait, y compris la pratique spirituelle. La méditation ne présente alors plus de difficultés, la persévérance nous ayant appris la concentration. La méditation, quant à elle, rend notre esprit calme et stable, et le protège de la distraction et de la confusion. C'est sur ce terrain qu'apparaît progressivement la sagesse. En effet, un esprit parfaitement calme et clair voit sans difficulté la vraie nature des phénomènes.

Nous pourrions donc comparer les six pâramitâs à un escalier vers l'Éveil. Telle une marche, chaque pâramitâ est le support de la suivante. C'est pourquoi il est conseillé, par souci de facilité et de rapidité, de les pratiquer dans le bon ordre.

Il y a une différence entre les qualités dites « ordinaires » et les qualités dites « transcendantales » des pâramitâs. Prenons l'exemple du don. La générosité est toujours positive, mais elle ne devient une pâramitâ et ne devient donc transcendantale que lorsqu'elle s'accompagne de la sagesse qui perçoit la nature insubstantielle du donateur, du don et de celui qui reçoit. La « transcendance » du don implique que celui qui donne ne s'attache ni à son image, ni au donataire, ni à ce qui est donné. Si nous donnons sans attachement, nous n'attendons rien en retour. La générosité devient alors la pâramitâ du don. Lorsque nous cessons de nous impliquer personnellement et émotionnellement dans ce que nous faisons, les poisons mentaux ne souillent plus nos actions qui deviennent alors des pâramitâs.

La générosité[24]

L'essence de la générosité est le non-attachement. Donner nous enrichit, garder nous appauvrit, tel est le processus karmique de la pratique de la générosité. Peu de gens suivent actuellement un tel raisonnement, pourtant donner est la véritable source de la prospérité et de la richesse, alors que le résultat de l'avarice est la pauvreté.

Ce n'est peut-être pas toujours évident, mais il est sûr que l'on est plus heureux quand on a peu d'attachement, qu'on n'est pas avide envers les gens et les choses. De toutes les possessions, la plus haute et la plus noble est le contentement. La satisfaction nous donne toutes les richesses du monde car nous ne souhaitons rien de plus que ce que nous avons. Une personne contente est une personne riche.

C'est une opinion peu partagée de nos jours et j'entends souvent dire que les gens contents n'ont plus d'ambition et que sans ambition on n'est plus rien. Pourtant, l'ambition m'apparaît plutôt comme une source de tensions et les gens avides me semblent rencontrer beaucoup de problèmes. Bien sûr, la société moderne est en grande partie construite sur l'avidité, le désir. Les gens en veulent toujours plus. Leur désir est comme un feu qu'ils doivent perpétuellement entretenir. Tout ce qu'ils y jettent se consume immédiatement et le feu continue. La seule façon de l'arrêter est de trouver le contentement. Le désir, l'avidité sont comme un puits sans fond : on ne peut jamais le remplir. Seul le contentement nous apportera la paix. Tant qu'on n'est pas satisfait, on court toujours derrière quelque chose, incapable de rester tranquille. Le contentement est la condition d'un esprit en paix. Cela ne signifie nullement qu'il ne faille pas travailler et que nous devions nous contenter de n'importe quoi. Le problème, c'est notre attitude envers les choses. Si nous restons avides, tenaillés par une soif inextinguible, nous ne trouverons jamais le contentement. Nous ne profiterons pas de ce que nous avons et nous en voudrons toujours plus.

Si nous sommes particulièrement avides et possessifs, nous risquons en plus de renaître dans le royaume des esprits avides. Un esprit avide est un être qui, ayant déjà beaucoup de choses, pense encore que tout le reste doit lui appartenir. Dans la tradition tibétaine, celui qui naît dans le royaume des esprits avides devient une boule de feu qui ne parvient pas à toucher les choses qu'il essaie d'apprécier et ne peut donc jamais goûter quoi que ce soit. Un esprit avide a parfois un ventre gros comme un tonneau avec un cou étroit et une bouche minuscule comme un trou d'aiguille. Rien de ce qu'il essaie de manger ne parvient à passer par sa bouche, et quand la nourriture y entre malgré tout, son cou est trop étroit pour qu'elle arrive dans l'estomac.

Selon le Bouddha, si nous sommes riches dans cette vie, c'est que nous avons été généreux dans nos vies antérieures. Si nous voulons devenir riches dans le futur, nous devons dès lors apprendre à donner.

Il y a peu, j'ai lu un livre très intéressant, écrit par

un auteur américain dont je ne me rappelle plus le nom. Il s'intitule quelque chose comme : *Comment devenir riche très vite.* L'auteur du livre explique qu'étant consultant pour de grandes firmes dont il avait formé les administrateurs il avait toute sa vie essayé de comprendre comment certains hommes étaient parvenus à devenir tellement riches. C'est assez amusant. Curieusement, j'y ai trouvé presque la même chose que ce qui est dit dans la tradition bouddhiste. Selon ce livre, la seule et unique manière de devenir riche très vite est d'adopter la politique de General Motors aux États-Unis, dont la devise est : « Donnez aux gens plus de ce qu'ils veulent, moins de ce qu'ils ne veulent pas. » Cela renforce l'hypothèse que si nous donnons nous deviendrons riches. Bien sûr, les motivations sont ici totalement différentes mais le parallèle reste intéressant.

Si nous donnons plus, nous recevrons plus, peut-être dans cette vie, peut-être dans une autre. Si nous sommes riches mais n'avons pas le courage d'être heureux ou de donner aux autres, la quantité de nos biens n'a aucune importance, c'est comme si nous n'avions rien. La richesse nous apporte un certain pouvoir, une certaine importance, mais aussi de nombreux problèmes : du stress, des préoccupations, précisément à cause de cette richesse. Je ne dis pas qu'il faille manquer du nécessaire pour vivre, nous avons évidemment besoin d'argent, il ne faut pas sous-estimer son importance, mais pensons qu'il y a aussi un « retour », un « rendement » lié à ce que l'on donne. Selon la loi du karma, plus on donne, plus on reçoit. Pourtant, paradoxalement, si nous donnons en espérant recevoir, ce processus ne fonctionne pas.

Gampopa cite de nombreux textes qui expliquent ce qu'est la générosité et quels sont ses avantages.

Nous pourrions, en résumé, comparer le don à un investissement avec un taux d'intérêt très élevé. Non seulement nous recevons notre mise de départ, mais en plus des intérêts considérables. En aidant les autres, nous améliorons notre situation, ce qui nous permettra de donner encore plus dans le futur. La générosité s'accroît continuellement.

Dans son livre *La Lettre à un ami* [a], Nâgârjuna dit :

Sachant que les possessions sont éphémères et dénuées [d'essence,
Pratique avec respect la générosité,
Envers les moines, les brahmanes, les indigents et les [amis,
Pour la vie prochaine, il n'est pas de meilleur ami que ce [qu'on a donné.

Ce que nous avons donné reste tandis que ce que nous avons gardé ne nous appartient plus. Au moment de la mort, tout ce qui a été donné devient essentiel, tandis que tout ce qui a été gardé devient inutile. Nous n'avons plus peur de perdre ce qui a été donné, tandis que ce que nous possédons nous cause des soucis. Ce qui a été donné nous montre le chemin de l'Éveil, tandis que ce qui a été conservé nous indique le chemin de la souffrance et de la misère.

Le non-attachement est au cœur de la générosité. La générosité est principalement une inspiration, un état d'esprit de non-attachement. C'est l'indicateur d'une diminution croissante de notre possessivité envers nos biens.

Trois types de dons peuvent ainsi être pratiqués :

— le don de biens matériels ;

---

[a] *Surllekha, La Lettre à un ami*, Nâgârjuna, Éd. Dharma, 1981, Stance 6, p. 45.

— le don d'une protection ;
— le don du dharma.

Les biens matériels peuvent être donnés de manière pure ou impure. Le don est impur soit lorsqu'il s'accompagne d'une motivation erronée, soit lorsqu'on donne des biens qui ne conviennent pas, soit lorsqu'on fait un don à des personnes à qui il ne convient pas de donner, soit lorsque nous donnons de manière peu habile. Ces quatre manières de donner ne procurent aucun bienfait.

Donner avec une mauvaise motivation signifie donner dans le but de causer du tort, d'en tirer gloire ou de ternir un rival.

Les biens qu'il ne convient pas de donner sont, par exemple, du poison ou des armes, qui causeront certainement du tort tant à celui à qui on les donne qu'à la personne contre laquelle ils seront utilisés.

Donner aux mauvaises personnes, c'est donner à ceux qui ont une intention erronée. Si une personne mal intentionnée ou un fou nous demande quelque chose qu'il ne peut avoir, ou si quelqu'un nous demande de l'aide pour se suicider, nous ne devons pas donner ce qu'ils demandent, car ce don ne ferait que leur nuire.

La manière erronée de donner, c'est donner sans joie, sans respect, avec colère, avec haine, ou encore de manière injurieuse. C'est aussi faire un don que notre famille n'approuve pas, ou qui pourrait l'affecter négativement. Dans un tel cas, il est préférable de s'abstenir.

Les quatre manières pures de donner sont exactement opposées.

Le deuxième type de don consiste à protéger quelqu'un contre une crainte ou un danger, quel qu'il soit. L'aide peut être psychologique, physique ou matérielle.

Le dernier type de don, celui du dharma, consiste à montrer le chemin correct, ce qu'il y a lieu de faire et de ne pas faire [a].

Il y a une différence entre le simple fait de donner et la transcendance du don. Donner au sens ordinaire, c'est donner, sans plus ni moins. On parle de générosité transcendantale lorsqu'on est totalement détaché de la notion de quelqu'un qui donne, de quelqu'un qui reçoit et de ce qui est donné, lorsqu'on abandonne toute stratégie en donnant. C'est alors que la simple action de donner devient la pâramitâ de la générosité.

Pour être qualifiée de pâramitâ, la générosité ne dépend pas non plus de l'importance du don. Tout est dans la manière de donner, dans notre détachement et la manière dont nous gérons nos réactions émotionnelles liées au fait de donner : notre avarice, notre possessivité, l'image que nous avons de nous-mêmes et notre attitude envers la personne qui reçoit notre don.

Nous devons toujours donner en veillant à utiliser les « trois moyens habiles d'un bodhisattva » qui multiplient les effets de la générosité, à savoir : la sagesse *(yéshé)*, l'intelligence *(shérap* [25]*)* et la dédicace :

La première méthode, liée à la sagesse, est de considérer la personne qui donne (ce peut donc être

[a] Cet aspect est examiné en détail dans les chapitres III, IV et VIII.

nous-mêmes), l'objet du don et celui qui le reçoit comme un rêve, un mirage. C'est la présence ou l'absence de cette compréhension qui détermine si nous donnons avec grande sagesse, ce qui purifie le don et en accroît les effets bénéfiques. Considérant comme un rêve le sujet, l'acte et l'objet, notre générosité n'éveille plus en nous le moindre attachement ni la moindre fierté. Sans fierté ni attachement, le don est parfaitement pur.

La deuxième méthode, liée à l'intelligence, nous incite à donner avec de bonnes intentions, de manière intelligente. Nous purifions le don par la pensée : « Je fais ce don afin que tous les êtres soient libérés de la souffrance et que tous atteignent l'Éveil. » Cette motivation positive nous libère de tout attachement, de toute attente ou espoir de retour.

Le troisième moyen habile est la dédicace. On multiplie la valeur de ce qu'on donne en dédicaçant son geste. Chaque fois que nous nous montrons généreux, aussi petit que soit le don, pensons : « Tout le mérite généré par ce geste, je le dédie à tous les êtres, pour qu'ils puissent atteindre l'Éveil. »

Traditionnellement, on dit que, dédié de la sorte, le plus petit des dons est multiplié par autant de fois qu'il y a d'êtres dans l'univers.

Avec ces trois moyens habiles, il importe peu que notre générosité soit grande ou petite. Elle apportera dans les deux cas un bénéfice infini.

La conduite éthique[26]

Suivre un code moral, avoir un mode de vie correct, signifie s'abstenir de faire ce qui est négatif et agir de manière positive. Développer une manière de vivre qui soit bonne pour nous et qui puisse aider les autres est la base des autres vertus, le fondement de tout développement spirituel ultérieur. Sans discipline et sans conduite éthique, nous n'irons pas bien loin. Faute de s'abstenir de commettre des actes négatifs et de vivre de façon positive, notre vie ne sera ni agréable ni plaisante, mais au contraire troublée, perturbée et tendue. Les conditions nécessaires à notre développement spirituel et à la stabilisation de notre méditation nous feront défaut.

Gampopa distingue trois aspect d'une conduite morale :

Les actes dont il faut s'abstenir. C'est ce qu'on appelle en tibétain l'éthique de l'abstention[27], de l'observance et des restrictions qui correspond aux préceptes du vinaya et aux vœux de prâtimoksha – les règles de discipline que doivent suivre les moines et les nonnes. Ils regroupent différents niveaux, comme les cinq préceptes des disciples laïques (upâsaka et upâsika – tib. : *dge bsnyen* [prononcé « guénièn]), les vœux de novices (shrâmanera – *dge tshul* [prononcé « gué tsul »]) et ceux de moines pleinement ordonnés (bikshou et bikshouni – *dge slong* [prononcé « gué long »]). Du point de vue du vinaya, la discipline est focalisée sur les actions du corps et de la parole. Les règles sont bien précises quant à ce que nous pouvons faire ou ne pas faire, dire ou ne pas dire. Ces vœux nous empêchent de prendre une mauvaise direction.

Les actions positives qui développent la bodhicitta, c'est-à-dire notre compassion et notre sagesse, nous permettront de venir ensuite en aide aux autres. C'est ce qu'on appelle en tibétain « la discipline qui vise à nous permettre d'acquérir ce qui est bon, positif[28] ». Cette accumulation d'actions positives comprend l'étude, la méditation, le fait de se réjouir du bonheur des autres, de les encourager à accomplir des actions positives, de faire des offrandes, de pratiquer les six pâramitâs, etc., bref tout ce qui développera notre pratique comme bodhisattvas. Les préceptes à ce niveau tiennent avant tout compte de l'esprit dans lequel une action est accomplie, de l'intention, de la motivation qui sous-tend l'acte. Les choses à faire ou ne pas faire ne sont donc pas énumérées avec précision. Ainsi, une action apparemment mauvaise vue de l'extérieur peut en fait être accomplie avec une motivation altruiste et sera définie comme bonne à ce niveau-ci, contrairement à ce qui serait le cas au niveau du vinaya. À l'inverse, une action apparemment bonne peut être hypocrite et en fait motivée par de mauvaises intentions.

« Le travail au bénéfice des autres[29] » dont on dénombre treize types :

— aider ceux qui ont des activités bénéfiques ;

— alléger la misère de tous les êtres ;

— instruire ceux qui sont ignorants sur la manière d'agir intelligemment ;

— être reconnaissant et rendre les faveurs dont on a fait l'objet ;

— protéger ceux qui ont peur ;

— soulager la douleur de ceux qui souffrent ;

— donner ce dont ils manquent à ceux qui sont dans le besoin ;

— se réjouir des actions vertueuses ;
— accomplir correctement sa pratique spirituelle ;
— aider les autres à développer leur potentiel et à être satisfaits ;
— éliminer tout ce qui doit l'être ;
— inspirer le respect par ses talents ;
— motiver les gens à aspirer à ce qui est bon et bénéfique.

On regroupe en général ces treize points en quatre :

— le premier groupe les activités qui mettent en œuvre la pâramitâ de la générosité. Donner, que ce soit une aide matérielle, une protection ou des enseignements, est la première manière d'aider les gens ;
— le deuxième regroupe les conseils bénéfiques, les explications claires et compréhensibles qui attirent les gens dans la bonne direction, vers le dharma ;
— le troisième point souligne l'importance de pratiquer ce que l'on enseigne. Tout ce que l'on dit ou enseigne est sans utilité et peut même causer du tort s'il n'y a pas une cohérence entre les principes et la pratique ;
— enfin, le dernier point insiste sur la nécessité de nous adapter, quel que soit notre niveau, aux personnes à qui nous venons en aide. Nous devons répondre à leur demande, pour autant que cela n'entre pas en conflit avec nos vœux, non pas en fonction de nous-mêmes mais en fonction du niveau des autres et de ce dont ils ont besoin.

La patience[30]

La patience est considérée comme une des pâramitâs les plus importantes, car elle sert d'antidote à deux de nos poisons mentaux les plus communs : la colère et la haine. Même si nous avons pratiqué la générosité et la discipline pendant très longtemps, une crise de colère violente ou de haine féroce va affecter considérablement les bonnes actions accumulées, au point d'en détruire tout l'apport positif. Selon le Bouddha : « Il n'y a rien de pire que la haine, et rien de plus fort et de meilleur que la patience. » C'est pourquoi la patience est une pratique tellement importante sur la voie du bodhisattva.

Il y a trois types de patience :

— tout d'abord, face à ceux qui nous causent du tort, la patience consiste à ne pas répondre par le mal ;

— le deuxième type est la patience face aux contretemps, aux circonstances difficiles de la vie ;

— le troisième est d'avoir une compréhension suffisamment large et un esprit assez ouvert pour accepter et comprendre des enseignements de haut niveau. Sans un esprit fort et ouvert, nous ne pourrons en effet ni comprendre ni tolérer des enseignements profonds.

Comment développer suffisamment de patience pour ne pas haïr quelqu'un qui nous maltraite ? Nous devons changer notre attitude. En analysant la situation et en raisonnant, différents arguments peuvent nous y aider.

Le premier argument est que cette personne ne se contrôle sans doute pas. Différentes circonstances, certaines pressions lui donnent vraisemblablement l'impression d'être obligée d'agir de la sorte. Ainsi, quelqu'un qui agit sous l'emprise de la colère ou de la haine est comme ivre et il ne faut pas faire trop attention à ses propos. Il n'y a aucune raison de répondre à sa haine ou à sa colère.

Par ailleurs, en tant que facteurs mentaux, la colère et la compassion sont les pendants l'un de l'autre. Le bouddhisme classe ces deux émotions dans une même catégorie. Face à une expérience déplaisante, deux réactions émotionnelles sont possibles : soit la colère, soit la compassion. Lorsque quelqu'un nous irrite fortement, nous répondons par la colère. Pourtant, si nous nous relions directement à la cause de notre irritation, qui est l'impression désagréable que nous ressentons et y associons, nous éprouverons alors de la compassion. Nous comprenons en effet que la personne qui nous fait souffrir ne voulait pas vraiment une telle situation. En toute logique, c'est son ignorance, sa propre souffrance, ses peurs et angoisses qui poussent une personne à nous faire du tort. Si ces causes n'existaient pas, elle n'aurait aucune raison de chercher à nous blesser. Au lieu de réagir négativement vis-à-vis de quelqu'un, blâmons plutôt les émotions négatives, le mal-être, la confusion et la souffrance, qui sont les causes réelles de son comportement. Mieux vaut être en colère contre la colère que contre la personne qui n'en est que le vecteur. Dans cette perspective, il y a bien plus de raisons de ressentir de la compassion que de réagir par la haine ou la colère envers ceux qui nous irritent ou nous agressent.

La deuxième raison de ne pas réagir par la colère, c'est de considérer le mécanisme karmique qui nous place dans une situation particulière. Si nous comprenons la loi du karma, nous acceptons mieux les circonstances négatives de la vie, même lorsqu'elles nous blessent. Nous réalisons en effet que ce qui nous arrive est le fruit d'actions semblables que nous avons commises dans une vie antérieure. Cette personne qui nous cause des ennuis ou nous veut du mal, peut-être lui avons-nous fait du tort au cours de l'une ou l'autre de nos vies passées. La souffrance est le résultat de notre propre karma. Pourquoi se fâcher contre quelqu'un s'il n'est qu'un instrument de notre propre karma ? Réagir par la colère nous fait accumuler davantage de mauvais karma, ce qui multipliera les situations similaires que nous rencontrerons à l'avenir. En revanche si nous cultivons la patience, notre karma négatif se dissout. C'est la raison pour laquelle il est beaucoup plus sage de ne pas se fâcher. La patience aide toutes les personnes impliquées et métamorphose notre karma négatif en karma positif.

Le troisième argument, c'est que les désagréments d'une situation ne sont pas uniquement imputables à la personne qui semble en être la cause. Supposons que quelqu'un nous jette une pierre. Pourquoi se fâcher uniquement sur la personne qui jette la pierre et pas également contre la pierre ? Nous pourrions tout aussi bien nous fâcher contre notre esprit et notre corps ! En effet sans corps et sans esprit nous ne ressentirions aucune souffrance. Chacun de ces éléments concourt à nous faire ressentir cette souffrance : notre esprit, notre corps, la pierre et l'homme qui l'a jetée. Pourquoi se fâcher uniquement sur ce dernier ?

Le quatrième raisonnement est de considérer qu'en réalité, loin de vouloir nous blesser, cette personne nous aide. Elle nous donne la possibilité de pratiquer la patience, et donc de purifier notre karma négatif. Nous accumulons ainsi des actions positives qui nous permettront finalement d'atteindre l'Éveil. L'apparente méchanceté de cette personne nous donne en fait une chance précieuse de nous entraîner ! Plutôt que de lui en vouloir, nous devrions au contraire lui être reconnaissants.

Lorsque le Bouddha donna ses premiers enseignements à Sarnath, le premier disciple qui les comprit et devint un arhat fut Kondiniya. Quand d'autres disciples lui en demandèrent la raison, le Bouddha leur raconta l'histoire suivante :

« Il y a très longtemps, dans une de mes vies antérieures, je fus un rishi, un ermite, qui s'appelait Kshantivadin (« celui-qui-aime-être-patient »). Je passais ma vie en méditation dans une très belle clairière dans la forêt. Un jour, un roi très puissant vint y pique-niquer avec toutes ses reines, ses ministres et sa suite. Le roi partit chasser et les reines se mirent à cueillir des fruits et des fleurs alentour. Elles débouchèrent dans la clairière où je méditais, me firent quelques offrandes et s'assirent autour de moi pour m'écouter.

« Lorsque le roi revint de la chasse il trouva les tentes vides. Toutes ses femmes étaient parties ! Il se mit à leur recherche et les trouva assises autour de moi. Le roi se mit dans une grande colère, pensant : "Qui est cet homme qui accapare l'attention de toutes mes femmes ?" Il me cria : "Que faites-vous ? Comment vous appelez-vous ? Pourquoi me volez-vous mes femmes ?" Je répondis : "Je n'ai rien fait, ce sont elles qui sont venues spontanément vers moi. En ce qui me concerne, je m'appelle Kshantivadin, celui-qui-aime-être-patient." À ces mots, la colère du roi redoubla. "Ah, ah ! Vous êtes patient ? Voyons jusqu'à quel point !" Il prit son épée et trancha l'une de mes jambes pour ensuite demander : "Eh bien, êtes-vous toujours patient ? N'êtes-vous pas en colère contre moi ?" Je répondis : "Non, je ne suis pas fâché, je suis très heureux !" Le roi me trancha alors les membres un à un. Je lui dis simplement : "Non seulement je ne suis pas fâché, mais je pense au contraire que vous m'aidez beaucoup. Vous me transformez de manière que je devienne très rapidement un être totalement éveillé. Je fais donc la prière suivante : quand je serai devenu un bouddha, je souhaite que vous soyez la première personne dont l'ignorance et la confusion soient coupées. Ainsi, je vous transformerai moi aussi en un être totalement éveillé." De nombreuses vies plus tard, grâce à ce vœu, cette personne devint le premier de mes disciples à atteindre la réalisation. »

Un autre argument pour ne pas réagir avec colère est de nous demander quel objectif nous cherchons à atteindre en nous mettant en colère. Que cherchons-nous exactement ? À rendre l'autre malheureux, à le faire souffrir ? Quel est le pire que nous puissions lui faire ? Le tuer ? Si tel est le cas, cela ne fera que rapprocher un peu l'heure de sa mort. De toute façon, il finira par mourir un jour. En tuant quelqu'un, on supporte le mauvais karma associé à ce geste. Si on ne le tue pas, il mourra de lui-même. Avec la patience nous sommes gagnants. Par ailleurs, si nous voulons qu'il souffre à son tour, n'ayons aucun doute, ce sera le cas ! C'est lui qui devra en effet supporter tout le mauvais karma associé à son geste. Même dès à présent, la haine ou la colère qu'il éprouve le plongent dans un état d'inconfort. La haine et la colère brûlent intérieurement ceux qui les ressentent et leur causent de grandes souffrances. La patience est donc une méthode beaucoup plus sage que le conflit.

Ce sont là quelques-uns des nombreux arguments qui nous aident à combattre la colère et à adopter une attitude patiente. Un bodhisattva « avancé » n'a plus besoin de ces raisonnements logiques puisque, naturellement, il ne ressent plus aucune haine. Mais pour nous qui sommes encore sujets à l'impatience, à l'irritation, à la colère et à la haine, il est bon de nous rappeler régulièrement toutes les bonnes raisons qu'il y a d'être patient...

Le deuxième type de patience est celui qui nous aide à faire face aux circonstances difficiles de la vie. Lorsque nous nous engageons sur une voie spirituelle, il est probable que nous rencontrerons beaucoup d'obstacles. Si nous sommes gravement malades, nous acceptons une opération ou un traitement douloureux car nous comprenons que c'est un moindre mal qui nous fait éviter le pire. Nous devons montrer la même patience, la même confiance, pour supporter les difficultés et peut-être même les souffrances qui apparaissent lorsque nous voulons « soigner » les souffrances du samsâra. Comportons-nous comme de valeureux guerriers. Celui qui est capable d'affronter un grand danger ou un ennemi féroce est considéré comme brave et courageux. En nous engageant dans le dharma, nous allons en fait livrer bataille à nos pires et plus puissants ennemis : nos émotions négatives, celles-là mêmes qui nous ont fait subir tant de souffrances et nous ont maintenus sous l'emprise de leur tyrannie depuis des temps immémoriaux jusqu'à ce jour. Si nous parvenons à triompher de tels ennemis, nous deviendrons des vainqueurs à jamais ! Une telle victoire nécessite que nous soyons prêts à tous les défis et à toutes les difficultés.

Le troisième type de patience consiste à persévérer dans nos études, à écouter et à apprendre jusqu'à comprendre la vérité. Comprendre les enseignements profonds demande de la patience.

Disons-nous que nous comprendrons plus tard ce que nous ne comprenons pas maintenant et persévérons dans nos efforts. Cette compréhension est quelque chose de tellement formidable, extraordinaire, qu'il ne faut pas s'attendre à y parvenir en une fois. Nous devons nous montrer patients, travailler plus dur, témoigner davantage d'intérêt, persévérer dans la méditation et, petit à petit, cette compréhension se développera. Ne soyons pas impatients, ne nous décourageons pas, n'ayons pas l'esprit étroit en pensant que nous ne parviendrons jamais à comprendre la philosophie de la vacuité. La bodhicitta ultime, le dharmakâya, la vacuité, la vérité ultime sont des notions difficiles à saisir. En réalité, elles sont au-delà de la « saisie » et c'est bien pourquoi elles sont si difficiles à comprendre pour nos esprits habitués aux concepts. Si nous ne parvenons pas à ranger quelque chose dans l'une ou l'autre catégorie, nous ne le comprenons pas. Comme la nature ultime est au-delà de toute saisie, il n'y a rien à comprendre ! Tant que nous espérons comprendre « quelque chose » que nous pourrons « conserver », « ranger » comme une sorte de concept dans l'un ou l'autre tiroir de notre esprit, c'est que nous n'avons pas encore compris les enseignements. Nous avons besoin de beaucoup de patience pour développer un esprit très large qui nous fera accéder à ce type de compréhension.

La persévérance [31]

Tseundru est habituellement traduit par persévérance [a]. Dans le contexte bouddhiste, la connotation de ce terme est cependant plus large,

---

[a] Günther traduit ce mot par *strenuousness*, ce qui signifie « travail ardu », ou « effort acharné ».

impliquant non seulement de l'application mais aussi de l'intérêt et de l'enthousiasme pour les actes positifs.

La persévérance est cruciale. On peut être généreux, vertueux, discipliné et même très patient, mais sans persévérance, on n'aboutira pas, on ne sera pas d'un grand secours pour les autres. La persévérance, l'intérêt, la joie dans les actions positives est comme le moteur des autres pâramitâs : combinées à la persévérance elles deviennent alors efficaces et puissantes.

La persévérance est aussi l'exact opposé de la paresse. Être persévérant signifie rejeter la paresse.

Il y a trois types de paresse :

Le premier type est l'inactivité, l'inertie. Nous avons tous une liste de choses en attente que nous remettons au lendemain. Ce qu'on appelle en tibétain *lélo*[32] dénote un goût prononcé pour l'oisiveté, les petits conforts quotidiens, les amusements et la distraction. Ce type de paresseux prend plaisir à tout ce qui est négatif ou neutre. Trop indulgent avec lui-même, il s'arrange toujours pour ne pas faire ce qui doit l'être. L'antidote de cette paresse est la conscience de l'impermanence, de la nature temporaire des choses, de la brièveté de la vie et de l'imminence de la mort qui peut nous frapper à tout moment. Si nous ne voulons pas être assaillis par l'angoisse et les regrets lorsque nous serons confrontés à elle, nous devons progresser dans notre développement spirituel et entamer notre pratique sans tarder. Si nous la remettons sans cesse à plus tard nous risquons fort d'être comme le moine du conte qui suit :

« Un moine tibétain avait pour ami une sorte d'esprit que nous appelons *thérang* en tibétain. Ces lutins noirs et très velus n'ont qu'un pied et adorent jouer aux dés. On dit que pour s'en faire un ami il faut se rendre au confluent de trois rivières, jouer aux dés et répéter : "Je gagne, le thérang perd !", jusqu'à ce que la tentation soit trop forte pour le thérang qui finit alors par tendre sa grosse main poilue et dire : "Non ! Je ne perds pas ! Donne-moi les dés !" Il faut alors attraper sa main et dire : "Je ne te laisserai partir que si tu deviens mon ami !" C'est ainsi que le thérang et le moine étaient devenus amis. Ils vivaient ensemble au monastère, le thérang apportant au moine tout ce dont il avait besoin. Le moine vivait donc très heureux dans le luxe. Il se disait bien qu'il devrait pratiquer, mais n'en faisait rien. Il dit au thérang : "Certes, je suis très heureux maintenant, mais je dois vraiment pratiquer pour me préparer à la mort. Préviens-moi lorsque tu verras le moment de ma mort approcher." Le thérang acquiesça. Les mois, les années passèrent. Un jour le thérang dit à son ami : "Lama, sais-tu que tes cheveux sont devenus gris ?" Le moine répliqua : "Bien sûr, puisque je vieillis." Le thérang s'en alla, pensant : "Tout va bien, il le sait." Quelques années plus tard, le thérang lui dit : "Lama, tes dents tombent." Le moine répondit : "Bien sûr, puisque je vieillis." Le thérang se dit : "Bien, s'il le sait, ça va." Un jour, le thérang annonça à son ami qu'il allait mourir le lendemain. Le moine se fâcha, reprochant à son ami : "Tu n'aurais pas pu me le dire plus tôt ! Je t'avais pourtant demandé de me prévenir !" Le thérang répliqua : "Mais je t'ai prévenu à maintes reprises : je t'ai d'abord dit que tes cheveux étaient gris, tu m'as répondu que tu vieillissais, je me suis donc dit que tu le savais. Ensuite, je t'ai dit que tes dents tombaient, et tu m'as à nouveau répondu que tu le savais. Je t'ai prévenu de nombreuses fois !"

Cette fois, le moine s'inquiéta sérieusement, mais que pouvait-il encore faire en si peu de temps ?... »

Cette forme de paresse est traître car nous nous berçons d'illusions. Nous pensons sincèrement que nous allons faire ce qu'il faut, mais, pour une raison ou une autre, nous remettons toujours les choses à plus tard. Pour éviter ce piège, nous devons faire preuve de diligence.

Shântideva [a] dit à ce sujet :

> *Avec quelle rapidité vous réagiriez si un serpent tombait tout à coup sur vos genoux ! Il faut contrer la paresse et la torpeur avec la même vivacité, dès qu'elles s'insinuent.*

Pratiquons au plus vite, avec acharnement, en sachant que le temps nous est compté.

Le deuxième type de paresse est le découragement, qui nous fait penser : « Je ne pourrai jamais devenir un bodhisattva, atteindre l'Éveil, libérer tous les êtres de la souffrance. Pourquoi m'en soucier alors que je suis déjà incapable de résoudre mes propres problèmes ! J'ai moi-même de graves soucis, comment pourrais-je faire face à tout ce qui se passe dans le monde ? » Un tel cheminement de pensée fait de nous des paresseux, paralysés par l'ampleur de la tâche. Tout semble trop difficile. Pour contrer cette forme de paresse rappelons-nous qu'il n'y a aucune raison de nous décourager. En effet, tous les êtres jusqu'aux plus petits insectes ont la nature de bouddha. Si nous faisons vraiment notre possible, tout devient réalisable,

[a] *Bodhicharyatavatara*, *op. cit.*, chap. VII, stance 72.

même le but le plus noble et le plus élevé, à savoir atteindre l'Éveil.

Le troisième type de paresse est la distraction. Il s'agit de celle qui nous garde tout le temps occupés à des tâches sans importance, avec des priorités et des objectifs erronés. Nous accordons beaucoup d'importance à de petites choses et pas assez à ce qui est essentiel. Très affairés, nous courons sans cesse dans tous les sens, mais sans but valable.

Certains lamas appellent le premier type de paresse la « paresse à l'indienne » et ce dernier type la « paresse à l'occidentale ». En Inde, on accroche son hamac sous un grand banian, on s'y installe et on somnole, un petit transistor à l'oreille, en émergeant de temps à autre pour réclamer une de ces petites tasses de thé en argile, que l'on jette simplement après avoir bu le thé. En Occident, on s'affaire tout le temps. Même pour voir sa femme, son mari ou ses enfants on doit presque prendre un rendez-vous. De la sorte, on est très affairé, mais pas nécessairement très persévérant. Pour éviter ce type de paresse, il faut se fixer les bonnes priorités, se demander si telle ou telle activité est vraiment nécessaire pour résoudre nos problèmes ou si elle ne nous apporte pas précisément plus de souffrances et d'ennuis.

Gampopa subdivise la persévérance en trois catégories :

— la persévérance pareille à une armure ;
— la persévérance appliquée à l'activité ;
— la persévérance insatiable.

La persévérance pareille à une armure est la force de notre motivation. C'est notre déclaration d'intention : « Désormais je n'arrêterai jamais mon travail ou ma pratique jusqu'à ce que j'ai conduit tous les êtres sensibles à la libération complète de toute souffrance. D'abord, je me purifierai, ensuite je pratiquerai les six pâramitâs et je méditerai, ce qui me préparera à aider tous les êtres. »

C'est ce qu'on appelle une « armure » par analogie. Autrefois, les guerriers portaient une armure qui leur permettait d'entrer dans le combat sans crainte d'être arrêtés ou blessés. De même, si nous portons l'armure de la persévérance, si notre motivation est très forte, aucun obstacle, quel qu'il soit, ne peut nous arrêter.

Cette première forme de persévérance nous prépare à affronter les épreuves que nous ne manquerons pas de rencontrer sur notre chemin.

D'une manière générale, nous réagissons en fonction de nos attentes. Si nous nous attendons à ce que tout soit facile et agréable, le moindre problème nous découragera. En revanche, si nous anticipons de grandes difficultés, beaucoup d'obstacles importants, nous ne nous découragerons pas au premier ennui. Les difficultés nous sembleront minimes car nous nous attendions à bien pire ! Cela s'applique d'ailleurs à toutes les situations de la vie. On espère toujours trop. On s'attend à ce que la vie soit agréable et facile et on espère trop des autres, avec pour résultat bien des problèmes ! En revanche, si nous n'avons pas d'attente particulière, le moindre événement positif nous rend heureux. Un simple mot gentil inattendu est une source de joie parce qu'il nous surprend agréablement.

Revêtir l'armure de la persévérance est la manière adéquate de nous préparer. Devenir un bodhisattva, essayer d'accomplir le plus grand bonheur possible, c'est-à-dire l'Éveil, pour tous les êtres qui emplissent l'espace, n'est pas une mission aisée. C'est un objectif grandiose, vaste et noble. Nous devons nous préparer à rencontrer toutes sortes de problèmes, petits ou grands, sans jamais nous décourager, d'où la nécessité d'endosser cette armure de diligence.

Le deuxième type de persévérance est la persévérance appliquée, et ce dans trois grands domaines :

Notre première tâche est de nous appliquer à *résoudre le problème des poisons mentaux*. Ces émotions négatives, la haine, l'attachement, l'orgueil, la jalousie, l'avidité, sont nos ennemis de toujours qui, de vie en vie, nous ont causé et nous causent tant de misères et de souffrances. Tous nos efforts doivent converger vers cette cible.

Comment procéder ? Gampopa donne l'exemple suivant : supposons que vous marchiez en portant un bol rempli à ras bord de graines de sésame, suivi par un homme qui menace de vous tuer d'un coup d'épée si vous perdez la moindre graine... Dans une telle situation, ne marcheriez-vous pas avec une concentration totale, en prenant bien garde de ne rien laisser tomber ? Nous avons besoin du même degré de concentration et d'attention pour combattre nos poisons mentaux, car ce sont les ennemis les plus puissants et les plus dangereux que nous ayons.

Gampopa relève les cinq qualités qui doivent caractériser notre « attaque » :

— nous devons être stables et constants. La stabilité et la constance dans notre approche nous permettent de progresser dans notre pratique, de ne pas abandonner, de rester insensibles à la frustration et à la distraction. Nous persévérons d'une manière régulière, en nous appliquant quotidiennement ;

— nous devons être dépourvus d'orgueil. Nous ne devons pas considérer notre pratique comme quelque chose d'exceptionnel ou penser que nous sommes meilleurs que les autres. Nous faisons simplement ce que nous devons faire, ce à quoi nous nous sommes engagés, parce que c'est la meilleure chose que nous puissions faire pour nous-mêmes comme pour les autres. Il n'y a là rien de particulier dont on puisse s'enorgueillir. Ne tombons pas dans le piège de l'orgueil, car c'est précisément l'un des poisons mentaux que nous essayons de surmonter, et peut-être le pire parce que le plus sournois ;

— nous devons être emplis de dévotion. La dévotion nous permet de persévérer avec joie, enthousiasme et intérêt ;

— nous devons également rester inébranlables. Aucune difficulté, aucune souffrance, aucun trouble émotionnel ou autre ne doit nous détourner de notre but. Nous devons simplement continuer ;

— nous ne devons jamais revenir en arrière. Quels que soient les obstacles ou les gens qui essaient de nous arrêter, n'y prêtons pas attention. Même si tout autour de nous semble s'effondrer, rien ne doit nous décourager. Lorsqu'on s'attend à rencontrer des obstacles, on ne se décourage pas lorsqu'ils apparaissent.

Le deuxième domaine où nous devons appliquer notre persévérance est celui de *l'accumulation de mérites*.

Le troisième domaine est celui de *la persévérance appliquée au bénéfice des autres*. Ces deux domaines sont liés. Si nous nous mettons avec persévérance au bénéfice des autres, nous accumulerons inévitablement du mérite. Il ne s'agit pas de devenir des virtuoses de l'aide, mais de faire à chaque instant du mieux que nous pouvons. Nous devons aussi encourager les autres à agir dans le même sens, non seulement à travailler avec acharnement, mais aussi à garder un esprit positif et à pratiquer avec joie.

Le dernier type de persévérance est cette énergie insatiable qui amène les deux précédentes à leur but. Il ne faut pas être complaisant avec soi-même. Nous devons aller jusqu'au bout, réaliser le but ultime, atteindre l'Éveil complet et amener tous les autres êtres au même état. Nous pouvons connaître des états de grande béatitude, rencontrer des êtres célestes, entrer dans différents types de *samâdhi* – absorption méditative – parcourir les différents bhumis dans notre progression sur la voie, mais nous ne devons nous arrêter à aucune de ces expériences car aucune d'elles n'est l'objectif ultime que nous nous sommes fixé. Quoi que nous puissions réaliser, quelles que soient les expériences rencontrées, rien ne doit nous empêcher d'aller plus loin. Notre but est le plus haut de tous les accomplissements : le parfait Éveil.

Cette persévérance insatiable a un caractère compétitif, mais pas au sens usuel. Habituellement, ce que nous faisons dans le cadre d'une compétition est de déterminer le niveau de nos concurrents et de nous efforcer d'être meilleurs qu'eux. S'ils ne sont pas très brillants, nous nous contenterons de faire juste un peu mieux qu'eux, sans plus. Ici, nous ne regardons ni à gauche ni à droite. Nous sommes en compétition avec nous-mêmes. Nous nous concentrons sur notre objectif et faisons tout pour l'atteindre.

La persévérance doit, elle aussi, être « purifiée » pour devenir une pâramitâ. Par « purification », on entend avoir dans tout ce que nous faisons, y compris la persévérance, la compréhension de la nature véritable de toute chose. C'est voir notre persévérance comme shûnyatâ, vacuité, et être capable de combiner cette compréhension avec l'aspiration de la compassion. Compassion *et* vacuité. Vacuité est la nature véritable. Nous devons reconnaître la vraie nature de toute chose comme vacuité, comme interdépendance, tout en étant inspirés par la compassion. Pratiquée de la sorte, la persévérance atteint son niveau le plus élevé et peut être qualifiée de « pâramitâ de la persévérance ».

À nouveau, les effets de notre persévérance peuvent être multipliés par ce qu'on appelle les moyens habiles, telle la dédicace, grâce à laquelle même un petit geste aura de grands effets. Si nous pratiquons avec peu de persévérance mais avec l'attitude et la compréhension correctes et si nous dédions notre pratique avec un esprit pur, le résultat ainsi multiplié peut devenir très grand.

Précédemment, je vous ai parlé de l'histoire d'un disciple du Bouddha qui était très empressé de donner tout ce qu'il avait. Il donna même sa main et puis se découragea, car il était allé trop vite. J'ai alors souligné qu'il fallait progresser graduellement. Maintenant je dis d'aller vite, à la vitesse à laquelle on réagirait si un serpent nous tombait dessus ! Cela signifie que nous devons commencer très vite, mais sans en faire trop, progressivement. Commencez maintenant, mais ne commencez pas en courant. Commencez en marchant car la route est très longue. Si vous voulez vous rendre à Paris et que vous partez en courant, vous risquez fort de ne pas quitter Bruxelles. En revanche, si vous prenez un bon rythme de marche, vous arriverez à Paris en quelques jours.

C'est leur combinaison avec la sagesse qui rend les pâramitâs très puissantes et effectives.

La pratique de la persévérance nous permet de rapidement parvenir à l'Éveil. C'est le résultat ultime. Quant au résultat immédiat, temporaire, karmique, c'est que nous accomplirons avec succès tout ce que nous entreprendrons tant que nous demeurerons dans le samsâra.

La méditation

Même si nous maîtrisons les quatre pâramitâs précédentes, sans la pâramitâ de la méditation qui nous permet de discipliner et de contrôler notre esprit, celui-ci restera sous l'emprise de la distraction qui ouvre la porte à toutes les émotions perturbatrices.

Seule une méditation stable apporte le calme à notre esprit. Sans elle, nous ne pourrons développer notre capacité de clairvoyance qui nous permettra de voir dans l'esprit des autres, capacité très utile pour les aider.

Toutes les formes du bouddhisme nous apprennent à d'abord développer la méditation du calme mental [33] ou *shamatha*. Elle rend notre esprit clair en pacifiant les tourbillons qui l'agitent en permanence. Une fois cette stabilité acquise, nous pouvons développer la méditation de la vision profonde[34], *vipashyanâ*, qui nous amène finalement à comprendre la vraie nature des choses, shûnyatâ. Cette compréhension nous permet de déraciner les poisons mentaux, les émotions perturbatrices. Shamatha et vipashyanâ regroupent toutes les nombreuses formes et méthodes de méditation que nous pouvons rencontrer.

Vipashyanâ se rapproche de la sixième pâramitâ, la sagesse, qui consiste à voir la vraie nature des choses. On ne peut toutefois y parvenir sans développer au préalable la méditation du calme mental. Expérimenter la vraie nature des choses et en avoir une simple compréhension intellectuelle sont deux choses totalement différentes. Nous pouvons certes analyser et définir intellectuellement cette nature, et même aboutir à une certitude quant à ce qu'elle doit être, mais l'essentiel est d'en faire l'expérience, ce qui n'est possible que grâce à la méditation. Toute compréhension authentique de la nature ultime des choses ne peut avoir lieu que lorsque l'esprit est parfaitement stable et clair. Il doit donc d'abord être totalement sous notre contrôle. Dans cet état de clarté et de stabilité, nous pourrons tourner notre regard vers l'intérieur, regarder cet esprit apprivoisé pour voir sa vraie nature et faire l'expérience de ce qu'on appelle la prajnâpâramitâ, ou pâramitâ de la sagesse.

Sans préparation, faire l'expérience de cette nature ultime, qu'on appelle aussi la bodhicitta ultime, est impossible. Notre préparation est donc essentielle. Acquérir la stabilité requiert deux conditions : l'isolement physique et l'isolement mental.

L'isolement physique implique une distance par rapport à nos activités habituelles, un détachement de nos préoccupations quotidiennes. Nous devons trouver un endroit où nous ne serons pas trop distraits. Dans le contexte de la vie citadine, cela veut dire se réserver un temps pour la méditation, laisser là son travail et trouver une pièce ou un endroit où nous pourrons oublier les tracas et les soucis qui nous accaparent tout au long de la journée. Trouver le temps et un tel espace est peut-être encore plus important dans le cadre d'une vie mondaine active que dans celui d'une vie contemplative. Les écrits bouddhistes traditionnels précisent que nous devons nous trouver physiquement loin de nos activités courantes, des lieux, des choses et des gens auxquels nous sommes attachés. Pour vraiment méditer et obtenir les meilleurs résultats, nous devrions idéalement nous retirer dans un lieu tout à fait solitaire, défini par les textes comme *distant de cinq cents furlongs* [a] *de toute ville ou de tout village.*

Un endroit isolé n'est cependant pas la seule condition. Si l'esprit n'est pas en paix, l'endroit ne fait aucune différence. C'est pourquoi la seconde condition est l'isolement mental. Même si la première condition, à savoir l'isolement physique, est remplie, si nous avons l'esprit constamment agité et pensons à tout ce que nous devons faire ou dire, aux choses auxquelles nous sommes attachés, nous ne pourrons pas méditer correctement. Peut-être avez-vous déjà entendu parler de Droukpa Kunlé, un célèbre yogi « fou ». Son frère, un grand lama très traditionnel, voulait qu'il fasse une

[a] Mesure de distance ancienne, équivalente à quelques kilomètres.

retraite pour réformer sa manière de vivre par trop extravagante et hors normes. Droukpa Kunlé accepta et les deux frères commencèrent ensemble une retraite stricte, chacun méditant dans une pièce séparée. Un jour, tôt le matin, Droukpa Kunlé quitta sa cellule et partit sur la route de Lhassa. Prévenu par son serviteur le lama envoya sur-le-champ quelqu'un à la poursuite de Droukpa Kunlé pour le ramener. Il lui demanda immédiatement des explications. Droukpa Kunlé répondit : « Je suis parti te chercher, pensant que tu étais sur la route de Lhassa, essayant de teindre en rouge des queues de yack. » Alors qu'il méditait dans sa cellule, le lama avait aperçu une queue de yack accrochée au mur et il s'était dit : « La prochaine fois que j'irai à Lhassa, je pourrai la teindre en rouge et l'accrocher sur la tête de ma mule, ce sera du plus bel effet ! » Au Tibet, c'est la coutume d'orner la tête des mules avec des queues de yacks teintes en rouge. Droukpa Kunlé était un grand siddha – un grand yogi réalisé – capable de percevoir les pensées d'autrui et, sachant à quoi pensait son frère, il avait fait mine de partir pour Lhassa afin de le taquiner et se moquer de sa distraction. S'asseoir simplement dans une cellule isolée ne signifie rien quant à la qualité de notre méditation.

Il y a de nombreuses histoires de yogis fous. Droukpa Kunlé vivait libre sans se soucier des conventions. Il faisait des choses qu'un moine n'est pas supposé faire, mais c'était un être réalisé. Il est très difficile de faire la différence entre un vrai yogi fou et une personne simplement dérangée. Le meilleur critère est peut-être de déterminer si cette personne est affectée par les « huit dharmas mondains ». Est-elle soucieuse de son image de marque, très concernée par la gloire et la richesse, apprécie-t-elle les louanges et déteste-t-elle au contraire l'indifférence ou la critique ? Si oui, elle est peut-être folle, mais elle n'est certainement pas un yogi. En revanche, si elle n'a aucun de ces traits, elle est peut-être tout aussi folle, mais il se peut qu'elle soit un yogi.

La solitude de l'esprit est cruciale pour la méditation. Nous devons avant tout laisser là nos soucis quotidiens, ne plus penser à tout ce que nous devons faire, nous vider de nos préoccupations pour le temps de la méditation, même et surtout si ce n'est que pour un très court moment. Si l'esprit passe d'une chose à l'autre, notre méditation ne sera jamais vraiment stable.

La première étape est de reconnaître quel est le poison mental qui nous affecte le plus. Est-ce la possessivité, la haine, l'ignorance ? En fonction du poison dominant, nous pourrons appliquer des méthodes spécifiques. Les trois méthodes suivantes sont les techniques traditionnelles recommandées par la plupart des écoles bouddhistes.

Si la possessivité et l'attachement sont notre principal problème, nous méditerons sur les aspects peu attrayants de l'objet de notre attachement. Par exemple, si nous sommes particulièrement attachés à notre corps, nous analyserons ce dont il est constitué, nous le disséquerons mentalement. Si nous en enlevons la peau, à quoi ressemblera-t-il ? Nous sentirons-nous encore aussi beaux ? La même technique peut être utilisée pour diminuer notre attachement à autrui. La beauté que nous attribuons à une personne est souvent le facteur principal qui éveille en nous le désir et l'attachement. Or cette beauté et l'attirance qui en découle n'existent pas réellement. C'est un simple attribut, une projection de notre esprit. Lorsque nous considérons une personne ou une chose comme très belle ou très attrayante, nous pensons de plus en plus à elle, elle devient de plus en plus importante à nos yeux et nous nous y attachons parfois au point d'avoir l'impression de ne plus pouvoir vivre sans elle. En regardant de plus près l'objet d'un tel attachement, en le considérant rationnellement, sans coloration émotionnelle, nous comprendrons sa véritable nature et nous nous rendrons compte qu'il n'est, en définitive, ni aussi beau, ni aussi différent, ni aussi important que nous le pensions initialement. Tout est une question de point de vue et, sous un autre angle, nous pourrions même finir par le trouver laid et repoussant.

Les personnes qui sont plutôt dominées par la haine et la colère doivent s'entraîner, quant à elles, à méditer sur l'amour et la compassion selon les techniques que j'ai expliquées dans les chapitres précédents.

Celles qui sont sujettes à la jalousie apprennent à méditer sur l'équanimité, la tranquillité de l'esprit, et à se réjouir de la chance et de la fortune des autres.

Ceux qui sont enclins à la vanité, à l'orgueil doivent s'exercer à échanger toutes leurs qualités, tous leurs biens et avantages contre les tares d'autrui.

Enfin, si c'est l'ignorance qui nous domine, nous devons alors méditer sur les douze causes interdépendantes[35], ou douze facteurs de la production conditionnée :

— l'ignorance[36] ;
— la volition[37] ;
— la conscience[38] ;
— le nom et la forme[39] ;
— les six facultés sensorielles[40] ;
— le contact[41] ;
— la sensation[42] ;
— le désir (ou soif)[43] ;
— la saisie[44] ;

— le devenir[45] ;
— la naissance[46] ;
— le vieillissement et la mort[47].

Si tout nous semble « solide » et existant de façon indépendante, si nous sommes trop égoïstes, nous devons contempler et analyser ces douze causes. Nous comprendrons ainsi qu'il n'y a rien qui ne soit interdépendant, inter-relié et nous apprendrons à voir les choses telles qu'elles sont vraiment, dépourvues d'existence en soi.

Rien n'existe par soi-même, tout est shûnyatâ. « Shûnyatâ » et « interdépendance » (ou production conditionnée) sont synonymes.

Prenons n'importe quel objet, cette montre par exemple. De quoi est-elle faite ? Où est la montre ? Si nous la décomposons en les différents éléments qui la composent, existe-t-il encore une montre ? Ceci est l'aiguille, mais ce n'est pas la montre. Ceci est le verre, mais ce n'est pas la montre.

Aucun des composants de cette montre n'est en lui-même la montre. Elle est un assemblage de ces différentes pièces, mais aucune pièce n'est la montre. Nous pouvons tenir le même raisonnement au sujet de chaque pièce de la montre. Par exemple, le verre de la montre. Si je le décompose en ses différents éléments, il n'y a alors plus de verre, mais uniquement les composants du verre. Si ce verre est réduit en poussière, nous avons de la poussière, mais pas du verre. Aucun grain de cette poussière n'existe davantage de manière indépendante, car si nous broyons ce grain, il se décompose en particules plus fines, et ainsi de suite.

Nous pourrions penser qu'arrivés au niveau de l'atome nous pourrions trouver une particule matérielle de base, car s'il n'y avait rien de solide à la base, comment les choses pourraient-elles venir à l'existence ? La question classique que nous retrouvons dans la tradition est d'ailleurs de savoir si la plus petite particule possible a encore des côtés ou non. Pourtant, nous pouvons encore fragmenter l'atome jusqu'à ce qu'il ne reste plus rien de solide et de matériel. En effet, pour pouvoir être conçue comme telle, « la plus petite particule possible » doit encore avoir un volume dans l'espace et donc des côtés, des angles, etc. Si une particule existe matériellement, elle a nécessairement une forme, une masse, etc. Tant qu'elle présente différentes faces, il doit encore y avoir moyen de la décomposer, ne fût-ce que mentalement. S'il n'y a ni masse ni forme, il ne peut y avoir de matière. Comment en effet des particules sans masse ni forme peuvent-elles ensemble constituer de la matière ? Il est nécessaire qu'une particule ait des composants pour former une chose et tant qu'elle a des composants, cette particule peut être décomposée. Son existence est donc nécessairement interdépendante.

Pour en revenir à la montre, elle n'est pas « vraiment » là si je l'analyse comme nous venons de le faire. Elle est seulement composée d'une série d'éléments et n'existe donc pas par elle-même. « Montre » est une étiquette commode qui nous permet d'appeler par convention un ensemble d'éléments interdépendants.

Tout est interdépendant. Beaucoup d'éléments mis ensemble nous donnent l'impression qu'il y a « un » objet. Pourtant, il n'y a rien, pas la moindre chose, qui puisse être isolée et montrée comme existant de manière indépendante. Nous voyons les choses, nous les touchons, nous « sentons » qu'elles sont « là ». Pourtant en les analysant, nous ne trouvons rien, ni essence ni particule indestructible, qui existerait de façon indépendante. Tout est shûnyatâ, vacuité, car il n'y a rien qui ait une quelconque « substance réelle ».

Tel est aussi le cas de notre esprit.

Dire que la nature de cette montre est « vacuité » ne signifie pas que cette montre n'existe pas du tout, mais que chaque élément qui la compose est lui-même composé de beaucoup d'autres, que son existence est de nature interdépendante.

C'est pourquoi la philosophie de l'interdépendance et celle de la vacuité sont une seule et même chose, abordée simplement sous deux angles différents. Comprendre la philosophie de l'interdépendance nous permet de voir la vraie nature des choses.

Les douze liens de la production conditionnée analysent l'interdépendance au niveau de l'individu. C'est fort long à expliquer mais je vous invite à lire plus amplement à ce sujet.

D'une manière simple et générale, si notre méditation est perturbée, « parasitée » par nos pensées (qu'elles soient négatives ou positives), nous nous efforcerons d'apaiser notre esprit par la méditation du calme mental, qui comprend différentes méthodes de concentration et de relaxation.

Il y a de nombreuses autres manières de gérer les émotions négatives. Celles qui ont été transmises par la tradition orale de Marpa et de Milarepa, tels les six yogas de Nâropa, ont une importance toute particulière.

Toutes les méthodes de méditation ont le même objectif, qu'elles appartiennent plus particulièrement au theravâda, au mahâyâna ou au vajrayâna : calmer, stabiliser l'esprit et contrôler les émotions négatives. C'est pour cette raison que j'estime que chacun peut pratiquer simultanément plus d'une tradition.

Il y a une histoire célèbre à ce sujet. Lorsque le grand érudit indien Atîsha arriva au Tibet, il demanda à ses nouveaux étudiants ce qu'ils avaient déjà étudié. Ils lui donnèrent une très longue liste de textes, de traités, de tantras, etc. Atîsha fut ravi et assez surpris. « Vous avez déjà tellement étudié que ma présence ici est parfaitement inutile. Vous avez déjà reçu tous les enseignements. » Puis il demanda : « Comment pratiquez-vous tout ce que vous avez appris ? » Ils répondirent : « Nous pratiquons toujours en fonction de ce qui est dit dans chaque enseignement, dans chaque tantra, soutra ou texte. » Atîsha comprit alors l'utilité de sa présence au Tibet.

Nous n'éviterons la confusion que si nous sommes capables d'intégrer tous ces enseignements et toutes ces pratiques. Nous devons les voir non comme des éléments disparates, mais comme se supportant tous les uns les autres, comme les facettes d'une seule et même pratique. C'est alors seulement que la profusion des différentes pratiques ne créera pas de confusion. En fait, ce qu'on appelle « pratique » n'est rien d'autre que le travail sur nos émotions, que notre effort pour trouver une solution à tous nos problèmes. Il n'y a pas d'autre pratique. Que nous l'appelions « târâ », « amitâbha », « zazen », « vipashyanâ » ou autrement n'a pas d'importance. Ce qui fait réellement la différence c'est la manière dont la pratique agit sur notre esprit et nous aide. La pratique qui nous aidera vraiment sera peut-être vipashyanâ, ou târâ, ou encore le mahâmudrâ. Il y a autant de voies qu'il y a de pratiquants. Le guide spirituel n'est pas là pour nous imposer sa pratique, son chemin. Il est là pour nous guider sur le nôtre. Nous pouvons essayer d'attaquer nos poisons mentaux par plusieurs angles à la fois et voir ce qui apporte le meilleur résultat. Ce qui ne veut pas dire pour autant tout mélanger. Un pratiquant du mahâmudrâ doit conserver cette pratique comme fondement, ce qui ne doit toutefois pas l'empêcher d'utiliser d'autres méthodes, de trouver de l'inspiration ailleurs pour approfondir, élargir, enrichir sa pratique... Il ne doit pas nécessairement trouver cette inspiration uniquement dans le bouddhisme, ce peut être quelque chose de tout à fait différent, tels l'exercice physique, le jardinage ou n'importe quoi d'autre.

Il ne s'agit nullement de mêler toutes les techniques, mais de donner à celle que nous avons choisie toute l'ampleur, toute la profondeur et toute la force possible. Les problèmes sont nôtres, la solution sera donc nôtre aussi. Si vous devez ouvrir une boîte de conserve et que vous n'avez pas d'ouvre-boîte, vous essaierez de l'ouvrir avec un couteau. Si vous n'y parvenez pas, vous tenterez de l'ouvrir avec des ciseaux. Si cela ne marche pas, vous essaierez encore d'autres choses. L'essentiel est de parvenir à ouvrir la boîte. Il se peut que vous ayez besoin de tous ces ustensiles pour réussir, il se peut aussi qu'un seul suffise.

Si nous ne comprenons pas comment faire, si nous ne sommes pas capables de réaliser cette unité au sein de notre pratique, il est alors préférable de nous limiter à une seule pratique.

On distingue trois stades de méditation.

Les niveaux, les stades de méditation ne doivent pas être confondus avec les « formes » de méditation qui sont shamatha et vipashyanâ.

Le premier stade s'appelle *Vivre heureux dans le présent*.

Méditer, c'est demeurer complètement détendu, relâché, mais sans distraction. Notre esprit peut avoir besoin d'un support pour centrer l'attention, tels la respiration, l'esprit lui-même ou n'importe quel objet (un objet visuel extérieur ou visualisé, un son, une odeur...). Si un support particulier nous convient, il suffit d'y poser légèrement notre esprit. Si nous n'avons pas besoin d'un tel support, nous pouvons simplement « être », par nous-mêmes, complètement détendus. Lorsque la détente est totale, il ne peut y avoir ni distraction ni concentration. Tant qu'il y a distraction et/ou concentration, la détente n'est pas complète. La méditation se définit comme une détente complète sans distraction ni torpeur.

En effet, la méditation a deux ennemis : la distraction et la torpeur. Avez-vous déjà vu l'excellent dessin qui illustre les étapes de la méditation ? On y voit un éléphant, un lapin, un singe et un homme. L'éléphant est notre esprit, le lapin la torpeur, le singe la distraction et l'homme est l'attention. Au bas de la page, le singe tient l'éléphant par une corde le promenant là il le veut. L'homme essaie vainement de le rattraper. L'homme est loin derrière l'éléphant. Il a beau être conscient de la situation, pour le moment il ne parvient pas à agir. Pourtant, d'image en image, il parvient progressivement à mettre la corde autour du cou de l'éléphant, à se hisser sur son dos et à le diriger où il veut. Cet éléphant est notre esprit. Par la méditation, nous parvenons à dompter, à contrôler notre corps et notre esprit. Lorsque nous avons une parfaite maîtrise du corps et de l'esprit, la force de l'esprit est telle que nous pouvons faire tout ce que nous voulons. Par sa puissance, nous sommes en mesure de contrôler notre environnement tant mental que physique. Si nous le souhaitons, nous pouvons même accomplir ce que l'on considère communément comme des « miracles ».

C'est le premier stade de la méditation : acquérir le contrôle de tout ce qui nous entoure et nous sentir totalement heureux dans le présent.

Ce premier stade se subdivise en quatre niveaux[48]. Sans entrer dans les détails, on peut dire que le premier niveau se caractérise par la présence de pensées analytiques et discursives. Le deuxième niveau se caractérise par une expérience de joie et de félicité. Au troisième niveau, une impression de contentement, de satisfaction remplace la joie et le bonheur. Au quatrième niveau, même cette conscience disparaît pour ne laisser place qu'à une grande paix, une grande sérénité.

Le deuxième stade s'appelle *acquérir les qualités*. Il s'agit des différentes qualités et des différents pouvoirs acquis grâce à la méditation.

Le troisième stade s'intitule *travailler au bénéfice des autres*. À ce stade, nous développons, grâce à la méditation, des pouvoirs qui nous permettent d'apporter beaucoup de bien aux autres. Lorsqu'on parle des émanations des bouddhas et des bodhisattvas, des miracles qu'ils accomplissent, nous devons comprendre qu'il s'agit là du résultat de la méditation, de la manifestation du pouvoir d'un esprit parfaitement maîtrisé.

La dédicace qui suit la méditation occupe autant d'importance que pour les autres pâramitâs. Nous devons toujours dédier toutes nos sessions de méditation au bonheur de tous les êtres et faire le vœu d'être un jour capables de les guider tous hors du samsâra. La longueur de ces sessions importe peu, tout comme le degré de calme que nous sommes parvenus à développer, tant que nos efforts et nos bonnes intentions font l'objet d'une dédicace.

La sagesse[49]

La sagesse est la sixième pâramitâ. C'est la plus haute connaissance, une clarté intérieure, un discernement aigu, qui nous permettent de voir les choses telles qu'elles sont, d'en voir la véritable nature.

Tout comme les autres pâramitâs, la sagesse est un instrument et non uniquement une fin en soi.

C'est l'aspect transcendantal qui fait de la sagesse une pâramitâ, c'est-à-dire « la sagesse combinée avec une conscience discriminante ».

Gampopa la présente en sept sections.

Les avantages d'avoir une certaine compréhension de la sagesse et les inconvénients de ne pas en avoir

La sagesse est le moyen principal pour nous libérer de l'état samsarique. Sans sagesse, impossible de mettre fin aux souffrances engendrées par nos réactions inappropriées.

Notre problème fondamental est l'ignorance, la confusion. Si nous ne déracinons pas cette ignorance, nous n'avons aucune chance de salut, or seule la sagesse peut déraciner l'ignorance en nous faisant voir les choses telles qu'elles sont vraiment. La prajnâpâramitâ n'est rien d'autre que de voir les choses telles qu'elles sont. Si nous ne l'avons pas, tant pis pour nous car rien d'autre ne peut nous aider !

Aucune des pâramitâs précédentes n'est une

pâramitâ si nous les pratiquons sans ne fût-ce qu'une certaine réalisation de cette sagesse, car c'est elle qui leur donne leur qualité transcendantale, qui les « parfait ». C'est pourquoi la sagesse est comparée à des yeux : les yeux nous permettent de voir et de guider les autres. Sans eux, nous serions aveugles, incapables de voir où nous allons, quelles que soient nos autres qualités.

Gampopa cite de nombreux textes pour illustrer ce point. Ainsi, dans la *Prajnâpâramitâ abrégée* [a], le Bouddha dit ceci :

Comment mille milliards d'aveugles privés de guide
Et ignorant la route pourraient-ils atteindre la cité ?
Sans la sagesse pour les guider, les cinq pâramitâs [aveugles
Sont privées de guide et ne peuvent atteindre l'Éveil.

La générosité, la conduite éthique, la patience, la persévérance, la méditation sont considérées comme des « méthodes », des « moyens habiles » qui restent incomplets sans la sagesse. Sans sagesse, les pâramitâs précédentes ne « fonctionnent » tout simplement pas, elles ne nous mènent pas à notre but. Par ailleurs, nous concentrer uniquement sur la sagesse sans développer les autres qualités ne nous avancera pas non plus. La sagesse à elle seule ne peut nous mener à la libération. Le bouddhisme mahâyâna met l'accent sur l'union des moyens et de la sagesse. Les méthodes, c'est-à-dire les cinq premières pâramitâs, sont comparées aux pieds d'une personne, alors que la pâramitâ de la sagesse est comparée aux yeux. Or, pour arriver quelque part, nous avons autant besoin de nos pieds que de nos yeux. Les cinq premières pâramitâs et la sagesse

[a] *Prajnâ-pâramitâsamçayagâthâ.*

sont donc d'égale importance. Si l'une manque, les autres sont incomplètes.

Gampopa cite le *Soutra requis par Akshayamati* [a] pour l'illustrer :

> *La sagesse sans les moyens enchaîne au nirvâna. Les moyens sans la sagesse enchaînent au samsâra. Il faut donc les pratiquer conjointement.*

Le bouddhisme mahâyâna se réfère souvent aux notions de « vérité absolue » et de « vérité relative ». On comprend parfois mal ce dont il s'agit.

Par vérité absolue, on entend la compréhension de l'interdépendance, de l'absence d'existence propre des phénomènes. Lorsque nous analysons ce qui nous entoure, lorsque nous scrutons notre propre esprit en profondeur, nous ne trouvons pas la moindre substance, nous ne trouvons nulle part une « réalité des choses ». C'est ce que la pâramitâ de la sagesse nous enseigne.

Si nous ne comprenons cela qu'à moitié, de façon superficielle et purement intellectuelle, nous risquons d'arriver à la conclusion que rien n'existe, que tout est simplement vide, irréel. C'est un grand danger. Si nous tombons dans ce piège, nous ne pourrons nous développer pleinement, car nous en déduirons qu'il ne sert à rien d'accumuler du karma positif ni même de faire quoi que ce soit.

D'autre part, se contenter d'accumuler des actions positives, se soucier d'aider les autres sans comprendre la nature véritable des choses et de l'esprit entraîneront d'autres dangers. S'impliquer corps et âme dans l'aspect relatif du monde, trop s'attacher à ce que l'on fait peut devenir un problème, une source de souffrances, même s'il

---

[a] *L'Aksayamatipariprcchasutra.*

s'agit par exemple d'un travail social fort utile. En effet, ce genre d'approche très émotionnelle nous empêche de prendre la distance nécessaire par rapport à ce que nous faisons et notre action se révèle moins utile. Même d'excellentes choses peuvent devenir des chaînes qui nous privent de toute liberté.

Pour vraiment progresser, devenir des êtres libres, parfaitement éveillés, qui agissent efficacement, les deux aspects de sagesse et de compassion doivent être développés simultanément. L'approche traditionnelle combine trois voies : écouter les enseignements et étudier les textes, les contempler et y réfléchir, et finalement méditer.

L'étude, la réflexion et la méditation ne sont cependant pas suffisantes pour atteindre la réalisation. Nous devons en outre appliquer les cinq pâramitâs précédentes dans notre vie quotidienne et ainsi, lentement et parfois au prix de grandes difficultés, accumuler le plus de mérites possible. Chaque acte positif nous prépare et nous rapproche du moment où nous verrons la vraie nature des choses. Nous ne pouvons donc nous passer de persévérance et d'endurance.

Définition de la Prajnâpâramitâ

« Prajnâpâramitâ » signifie beaucoup plus que « sagesse ». *Pra* signifie « très », « meilleur », et *jna* signifie « connaissance ». La traduction tibétaine, *shérap*, signifie exactement la même chose (*shé*, « connaissance », et *rap*, « supérieure »). Il s'agit donc de la connaissance la plus élevée, la connaissance suprême. Gampopa nous dit que sa caractéristique essentielle est de discerner correctement les phénomènes. La sagesse voit la vraie nature des choses de façon claire et nette. C'est pourquoi certains traducteurs rendent ce mot par

« conscience discriminante », ce qui signifie être conscient de ce qui est vrai et de ce qui ne l'est pas. C'est une bonne traduction, plus proche du sens littéral. Toutefois « sagesse » est la traduction qui a été adoptée par la plupart des centres de dharma. Lorsqu'on parle de « sagesse », on comprend à quoi il est fait référence.

En tibétain, on distingue *yéshé* de *shérap*. *Shérap* correspond très précisément au sanscrit « prajna » et désigne la sagesse mondaine ou la conscience discriminante alors que *yéshé*, qui correspond tout aussi exactement au sanscrit « jnana », désigne la « sagesse primordiale, la conscience totalement éveillée ». La différence est assez subtile. *Shérap* est la sagesse qui mène à *yéshé*. Toutefois, ces deux aspects ne peuvent vraiment être nettement séparés en ce sens que c'est l'élargissement et l'approfondissement de *shérap* qui conduit à *yéshé*.

Les différents aspects de la sagesse

La sagesse peut être appliquée à tous les domaines. Gampopa relève toutefois trois aspects principaux : la sagesse « mondaine », la sagesse « supramondaine inférieure » et la sagesse « supramondaine suprême ».

Les caractéristiques essentielles des différents aspects

Il y a d'abord la sagesse mondaine qui est le meilleur de la connaissance relative. Cette sagesse s'épanouit dans les sciences, la logique, la médecine, la linguistique, etc., et recouvre ce que nous entendons communément par sagesse. Toutefois, dans le contexte bouddhiste, la sagesse mondaine n'est considérée que comme un premier aspect. En tibétain, on parle de *shérap* dans ce contexte, bien que le sens de ce mot soit plus large.

À un niveau plus élevé vient la sagesse supramondaine inférieure. C'est la sagesse que nous développons par l'étude, la réflexion, la contemplation et la méditation, et qui nous permet de comprendre, d'approcher, la réalisation du mode d'être véritable des choses. Il s'agit par exemple de la compréhension de l'impermanence, de l'interdépendance et du caractère profondément non satisfaisant de tous les états samsariques, de la nature composée des phénomènes et de leur absence d'existence propre.

Dans tout ce que nous voyons, tout ce dont nous parlons, y a-t-il une seule entité matérielle ou immatérielle, qui soit une seule substance, « une », permanente et indépendante ? Si nous ne trouvons rien de tel, cela signifie que rien n'est permanent, que tout change tout le temps, que tout est composé, fait de multiples parties. Prenons un livre. Il semble être une entité, pourtant il est composé de pages. Chaque page est elle-même faite de différentes substances, recouverte de signes faits avec de l'encre. Qu'est-ce que l'encre ? À nouveau une combinaison de différentes substances. Tout peut ainsi être décomposé jusqu'à ce que rien ne reste.

Ce deuxième aspect de la sagesse inclut aussi la réalisation de l'inexistence du « soi ». Nous avons tous cette impression d'exister en tant que « moi », c'est ce qui nous fait dire « je suis ». Pourtant, si nous nous observons attentivement, nous constaterons que nous sommes aussi faits de nombreux composants et qu'il n'y a rien que nous puissions saisir en disant « ceci est moi ». Toutes les choses existent grâce à toutes les autres, de par leurs relations entre elles. Si un seul élément vient à manquer, l'entité que nous connaissons change ou disparaît.

Tous les phénomènes, nous y compris, sont interdépendants. Ils apparaissent comme par magie, par miracle ou comme dans un rêve. Dans un rêve, nous voyons des choses qui n'existent pas. C'est la vraie nature des choses : elles apparaissent clairement sans pour autant avoir d'existence réelle. Il ne s'agit pas d'une théorie que le bouddhisme aurait inventée, d'un dogme qu'il essaierait d'imposer, mais du mode d'existence réel des phénomènes.

Nous sommes dans la confusion et l'ignorance quand nous considérons comme une entité indivisible ce qui est composé, que nous prenons pour permanent et indépendant ce qui est impermanent et dépendant. Or nous sommes conditionnés à voir les choses de la sorte et nous réagissons tout naturellement conformément à notre conditionnement. Nous tombons dans nos schémas habituels : ballottés entre l'attachement et l'aversion, cette attitude erronée nous entraîne dans une course perpétuelle, pour attraper ce que nous désirons ou fuir ce que nous rejetons. C'est pourquoi nous défaire de cette conception erronée est capital.

La sagesse supramondaine suprême, troisième aspect de la sagesse, est la parfaite réalisation, la compréhension éveillée de la nature « non née » des phénomènes. Nous devons constamment nous efforcer d'approcher ce but ultime. Comprendre les choses un rien plus clairement nous apporterait déjà beaucoup de bien. À défaut d'en avoir une compréhension expérimentale, nous pouvons déjà simplement nous montrer plus circonspects, nous interroger sur la manière dont les choses nous apparaissent, et émettre certains doutes quant à leur apparente « réalité ». De telles réflexions nous aident à diminuer la force de l'attachement, à nous détendre progressivement, à devenir moins anxieux et donc plus libres.

Si nous pensons que ce que nous étions autrefois, ce que nous sommes maintenant et ce que nous serons demain sont une seule et même entité, et si nous affirmons l'identité du « moi » passé, présent et futur, tout ce qui nous est arrivé autrefois nous affectera encore aujourd'hui. Peut-être pensons-nous avoir été injustement traités par nos parents dans l'enfance, et ressentons-nous cette injustice encore aujourd'hui. Pourtant, personne ne nous reconnaîtrait comme l'enfant sur la photo. Nous persistons à penser que nous sommes les mêmes qu'il y a trente ans, qu'hier et que demain. En fait, même morts, nous pensons toujours être la même personne. Notre passé ne peut nous affecter qu'en raison de cette auto-identification.

Nous ne pouvons nier que notre passé est la cause de ce que nous sommes maintenant, pourtant nous ne sommes plus tout à fait les mêmes. Le passé ne nous affectera plus autant si nous comprenons clairement que nous changeons tout le temps. Dans la mesure où tout va bien maintenant, les grands tourments que nous avons subis autrefois n'ont plus d'importance : ils sont derrière nous, c'est du passé.

Les événements de notre enfance nous ont bien sûr affectés, puisque ce que nous sommes maintenant est conditionné par notre passé : c'est ce que nous appelons le karma. Nous sommes tous le résultat de notre passé, de notre karma. Ce karma n'est pas inscrit sur notre front : nous *sommes* notre karma et celui-ci est le produit de toutes nos actions, tant des vies antérieures que de cette vie-ci. Par la nature interdépendante de tous les phénomènes, nous sommes le résultat de tout ce qui a contribué à nous former, pourtant nous ne sommes *pas* ces choses. Hier est hier et aujourd'hui est aujourd'hui. L'eau qui coulait hier dans la rivière n'est plus l'eau qui y coule aujourd'hui. Tout change d'instant en instant. En nous complaisant dans notre passé, en nous y accrochant, nous sommes continuellement perturbés par ce qui nous est arrivé et nous transportons un très lourd fardeau. Il nous suffit pourtant de simplement le déposer pour être libres.

Confrontés à des choix et à des décisions, certains ne voient pas en quoi le fait de penser à la non-existence des phénomènes peut être d'une quelconque utilité.

Lorsqu'on dit que le « moi » n'existe pas, cela ne signifie pas qu'il n'existe pas du tout, mais qu'il n'existe pas de la manière dont on le perçoit. Comprendre profondément que ce que nous considérons comme le moi n'est pas une entité permanente, mais un ensemble composé en perpétuel changement, nous rendra moins égocentriques, moins égoïstes et donc de plus en plus détendus. Cela vient naturellement et progressivement.

Prenons par exemple la colère. Supposons que quelqu'un nous insulte et nous traite de chien. Pourquoi nous en irriter ? Cette insulte ne nous transformera pas en chien ! Nous n'allons pas tout à coup nous mettre à aboyer et nous recouvrir de poils. La colère vient de notre profonde conviction que « je » ne devrais pas être insulté mais au contraire admiré et respecté. Mieux nous comprenons ce processus, moins nous réagirons par la colère. Toutefois, pour y arriver, ne croyons pas que nous pouvons nous contenter d'écouter quelques enseignements, cela ne suffit pas. En plein milieu d'un accès de colère, essayer de penser : « En fait, je n'existe pas vraiment, je ne suis pas là, et l'objet de ma rage non plus » n'aura aucun effet. C'est en dehors de tels accès, lorsque nous sommes calmes, que nous devons nous efforcer de comprendre et de pratiquer cette approche, de manière à prendre conscience des situations avec plus de clarté et à ne plus réagir aux provocations par la colère.

C'est par une pratique assidue que nous parviendrons à contrôler et à éliminer progressivement la fierté, l'égocentrisme, l'agressivité et toutes nos émotions perturbatrices, et nous acquerrons ainsi de plus en plus de liberté face aux circonstances de la vie. Si nous sommes moins orgueilleux, nous serons moins vite blessés et ne nous enflammerons plus au moindre mot désagréable. Cela demande certes de l'entraînement, car il est difficile de changer notre manière de voir au sein même d'une situation conflictuelle.

Nous avons l'habitude fortement ancrée de nous considérer comme une entité, comme un nom. Par exemple : « Pierre ». Il parle, il sent, il pense. Je ne dis pas que Pierre n'existe pas du tout. L'objectif n'est pas de nier son existence, mais de voir quelle est sa nature. Quand on dit « C'est Pierre », y a-t-il vraiment quelque chose que l'on puisse appeler Pierre ? Ou bien est-ce une certaine voix, un certain visage, des éléments qui, mis ensemble, forment un concept que nous appelons Pierre mais que nous aurions tout aussi bien pu nommer John, Ringou Tulkou ou autrement. En raison de divers facteurs, Pierre s'appelle Pierre. Il pense à lui-même en tant que « Pierre » et les autres en font autant. Tout ce qui vient de lui s'appelle « de Pierre ». Si Pierre veut réellement connaître sa vraie nature, il doit se demander, chercher qui il est vraiment. Lorsqu'il connaîtra sa vraie nature, il ne cessera pas d'exister en tant que Pierre. Il sera toujours Pierre, tant pour lui que pour les autres, mais sa manière de se voir et de voir les choses aura changé. N'étant plus dans la confusion, il comprendra que ses pensées sont des pensées, que ses sentiments sont des sentiments. Il verra tout « tel quel », sans rien attacher à des concepts, sans rien caser dans des structures et des catégories inutiles. Sa vie cessera d'être une lutte continuelle. C'est de cela que nous parlons.

On pense souvent à soi en tant que fils, fille, mère, père, avocat, enseignant, etc. Nous nous identifions généralement à un rôle social ou à notre profession. Mais sommes-nous seulement un père, une mère, etc., et rien d'autre ? Si nous pouvons être tellement de choses différentes en même temps, existe-t-il quoi que ce soit d'autre en dehors de tous ces rôles que nous puissions appeler « moi » ? Ce « je » a-t-il une existence séparée de ses différents rôles, ou bien est-ce une seule et même chose ?

Nous pouvons aussi explorer ces questions comme un exercice de méditation. Pensons par exemple à notre doigt. Ce doigt est-il « moi » ou non ? À supposer que le « je » soit ce doigt, où le situer exactement ? Dans l'ongle ? La peau ? Le sang ? Les os ? Les cellules ? Lorsqu'on examine la question de cette manière, on découvre qu'il n'y a pas de « je », pas plus qu'il n'y a de « doigt ». Si le « je » n'est pas dans le doigt, pouvons-nous le trouver dans la main ? S'il n'y est pas, où est-il ? La plupart des gens répondront probablement que le « je » n'est évidemment pas à chercher ailleurs que dans le cerveau. Toutefois, le cerveau est, lui aussi, une entité composée. Combien y a-t-il de cellules dans le cerveau ? Elles sont peut-être semblables mais toutes différentes. Laquelle pouvons-nous identifier comme étant le « je » ?

Nous arrivons ainsi à la conclusion qu'il n'y a pas de « je ». Cela ne veut toutefois pas dire que nous allons découvrir que je ne suis pas Ringou Tulkou, et que vous n'êtes pas Pierre ou John. Nous réalisons simplement que ce que nous percevons comme un « je » n'est pas une entité unique et indépendante. Lorsqu'il surgit, il semble très réel, pourtant il n'y a aucune entité que l'on puisse isoler comme étant ce « je » si ce n'est au sens relatif, c'est-à-dire interdépendant. Quand quelque chose survient, on peut dire au sens relatif « ceci est ». Mais lorsqu'on pousse les investigations plus loin, on se rend compte que « ceci » n'a pas d'existence en soi, pas de réalité intrinsèque.

Comment réaliser la « vue » absolue

On peut penser « il y a une existence réelle » ou « il n'y en a pas », « les choses sont composées » ou « elles ne le sont pas », « les choses sont finies » ou « les choses sont infinies ». Toutes ces pensées sont des concepts, des constructions mentales auxquelles nous arrivons par le biais de l'intellect. Ce sont des jeux de l'esprit.

Même si nous arrivons à la conclusion que l'univers tout entier est vide de toute entité indépendante, cela reste encore une projection de notre esprit. Soutenir que tout est réel et solide n'en est qu'une autre. Lorsque nous disons que nous percevons l'univers comme infini, nous pouvons bien avoir l'impression de « voir » tout l'univers, il ne s'agit pourtant que d'une image produite par notre imagination. Toutes nos affirmations – quelles qu'elles soient – ne sont que des concepts fabriqués par l'esprit. Peu importe que les choses soient réelles ou non. Les notions mêmes de réel ou d'irréel sont toujours des concepts. En fait, que voulez-vous vraiment dire par « réel » ou par « irréel » ? Ce n'est qu'une façon de décrire les choses. En définitive, que nous options pour la réalité ou l'irréalité des choses revient au même : « l'autorité », celui qui décide, reste notre esprit. Ce n'est que lorsque nous comprendrons la vraie nature de notre esprit que nous verrons la vraie nature de toutes choses. On peut donc commencer – ou terminer – en appréhendant la vraie nature de son esprit.

À la moindre pensée, idée ou sentiment, on pense « c'est mon idée, ma pensée, mes sentiments » et le plus important devient le « mon », le « moi », le « je ». En découvrant ce qu'est vraiment ce moi, on découvre la vraie nature de l'esprit.

Si nous examinons en profondeur une pensée, n'importe laquelle, est-elle ou non différente de nous-mêmes ? Y a-t-il un esprit en dehors de cette pensée ? Dès qu'une pensée, une impression, une émotion surgit, nous nous en emparons immédiatement pour dire « c'est ma pensée, ma sensation, mon émotion », mais ce « je » existe-t-il séparément des sensations et émotions ? Lorsque la pensée ou l'émotion se dissout, le « je » disparaît-il avec elle ? Et si ce n'est pas le cas, où était-il et où est-il passé ? Ce sont des questions cruciales !

Se limiter à une compréhension purement intellectuelle pourra certes nous aider à diminuer nos attachements et nos peurs, mais son efficacité reste limitée. Si je vous enseigne : « Tout n'est que projection de l'esprit » et que vous répétez après moi : « Oh ! oui, il n'y a rien d'autre. Le lama a dit qu'il n'y a rien, ce doit donc être le cas », mais qu'en fait vous pensez le contraire, à quoi cela peut-il bien servir ? En rester là ne mène nulle part. Une recherche personnelle est nécessaire. Nous devons mener nos investigations au cœur de notre propre expérience. Ce que je vous dis peut être cent pour cent juste ou totalement faux, peu importe, ce n'est *que* ce que je dis. Mais ce que vous pouvez trouver par vous-même, par votre propre expérience, même si c'est très peu, fait la différence. C'est le message principal. Observez ce qui se passe en vous !

Lorsqu'une pensée ou une sensation émerge, nous nous disons : « Je perçois ceci. » Prenons l'exemple d'une perception visuelle. Nous pensons « je vois » et immédiatement, nous créons *celui qui voit*, distinct de *ce qui est vu*. Celui qui voit est le « je », « je suis », « je vois ». Ce qui apparaît n'est qu'une simple sensation, mais nous y accolons une entité séparée que nous appelons « je ». Pourtant, si nous le cherchons, nous ne le trouvons nulle part, ni à l'intérieur ni à l'extérieur du corps, ni en dehors de la sensation, de la pensée ou de l'émotion. Néanmoins, nous pensons que s'il y a une pensée il doit y avoir un penseur. S'il y a une expérience, nous en déduisons qu'il y a *quelqu'un* pour l'expérimenter. Cette « entité » qui voit, qui pense, c'est notre ego. Nous ne le voyons jamais, mais nous déduisons son existence du fait même de voir, de ressentir. En réalité, le fait de voir n'est pas distinct de celui qui voit. Voir est l'action, la manifestation. Lorsque nous créons « celui qui voit », l'action de voir devient une « ré-action ». En réagissant de la sorte, nous créons une « identité » que nous rajoutons à l'expérience elle-même.

Nous savons qu'un verre est constitué de nombreux éléments. Lorsqu'on dit « ceci est un verre », on surimpose l'étiquette « verre » à l'ensemble des divers éléments (sable, cristal, etc.) qui le composent. On y ajoute ensuite un adjectif : grand, beau, etc. Et ainsi de suite. De la même manière, nous épinglons une identité distincte sur l'émergence continuelle de nos pensées et des manifestations. Lorsqu'une pensée surgit, nous surimposons l'étiquette « je », et ce « moi » devient le noyau central. On se dit « comme je pense, il doit y avoir un "je". Puisque je suis, il doit en être de même pour les choses ». Dès que nous avons accouché de ce « je », nous désirons le protéger. Si quelqu'un possède quelque chose que « je » désire, « je » veux l'avoir. À l'inverse si « je » n'aime pas quelque chose, « je » le repousse, le considère comme mauvais et veux le détruire ou le voir disparaître.

Ces deux réactions, à savoir courir après ce qu'on désire et fuir ce que l'on rejette, ne cessent jamais. Cette dualité est à la base de tous nos tourments et de tous nos conflits, faisant naître les émotions négatives que sont le désir, l'avarice, la haine, la peur. L'état d'esprit samsarique dont nous avons parlé précédemment se définit par la présence de cette polarité.

La confusion, les souffrances et les conflits inhérents à l'état d'esprit samsarique sont fondés sur la notion d'un ego qui chapeaute nos sensations et nos perceptions. Cette identification erronée à un « je » est ce que nous appelons *l'ignorance de base* ou encore *l'ignorance coémergente*. C'est en effet l'origine, la source, de toutes nos confusions et donc de tous les conflits. Sans cette ignorance de base, aucune autre confusion ne pourrait se développer. Dès que nous formulons : « Ceci est moi et cela est autre », la dualité est présente et, avec elle, l'attachement et l'aversion. C'est l'identification à un soi, à une individualité, qui génère la perception dualiste, source de l'attachement et de l'aversion à leur niveau le plus fondamental.

Gampopa explique comme suit ce qu'est cette individualité :

> *Il y a plusieurs opinions à ce sujet. Ce que nous appelons une personne est en fait la continuité ininterrompue des agrégats karmiques, accompagnée d'intelligence* [(a)].

---

[a] La traduction anglaise de Ken Holmes ajoute : *C'est malicieux et calculateur, et cela ne s'arrête jamais de penser, de faire des plans, de se mouvoir et de se disperser.*

Il cite aussi le *Commentaire exhaustif de la Connaissance véritable*[a] :

> *Quand il y a soi, il y a conscience de l'autre. Du soi et de l'autre naissent attachement et répulsion, et de la combinaison de deux jaillissent tous les maux.*

Ce « je suis » que nous accolons à tout ce qui apparaît est aussi un concept. On l'imagine, on le conceptualise, mais on ne l'expérimente pas directement. Lorsque nous pensons « je suis comme ceci ou comme cela », c'est un concept qui prend racine dans notre confusion, nos informations, nos souvenirs du passé et nos projections dans le futur, le tout entremêlé. Tous ces éléments nous font dire « je suis comme ceci ou comme cela ». De cet assemblage, nous avons créé un individu.

Nous devrions essayer de vivre sans ces projections, ou de les voir pour ce qu'elles sont, et faire l'expérience directe de l'instant présent, sans nous souvenir du passé ni anticiper le futur. Notre regard doit se porter non vers l'extérieur, mais vers l'intérieur. C'est difficile parce que nous n'en avons pas l'habitude. Voir ce que nous sommes à cet instant précis, c'est voir la vraie nature de notre esprit. La méditation n'a pas d'autre but : voir ce que nous sommes, maintenant, à cet instant précis, à chaque instant, libre du fardeau du passé, des espoirs et des craintes du futur, des références culturelles et sociales, des acquis de l'éducation, etc. Quand nous y parviendrons, nous verrons la vraie nature de ce que nous sommes, d'une manière simple et directe, c'est-à-dire non construite, non conceptuelle.

Tant que nous faisons appel à des concepts, nous pouvons certes penser et avoir l'impression que

---

[a] Tib. : *Mdo sil bu* ; sans. : *Pramanavartika*.

nous voyons la réalité, mais il ne s'agit encore que d'une vue de l'esprit, d'une construction mentale. Quand on prétend voir l'univers, l'infini du cosmos, nous ne regardons en fait qu'une projection de notre esprit, même si nous avons vraiment l'impression de contempler l'espace. De la même manière quand on dit « ceci est moi », l'existence du « je » semble très convaincante.

Voir la nature éveillée de notre esprit n'est pas impossible, c'est en fait très simple, mais quatre obstacles majeurs nous en empêchent.

Le premier obstacle, c'est – curieusement – sa simplicité. Nous pensons qu'il s'agit de quelque chose de très difficile et compliqué, que pour y parvenir nous devrons vraiment nous battre, faire des retraites de trois, six, voire douze ans, dans une grotte isolée des hauteurs glacées de l'Himalaya ou faire de longs pèlerinages en nous prosternant tout le long du chemin. En fait, tout est *ici* et *maintenant*, sous notre nez. C'est trop simple et, de ce fait, nous ne voyons pas la nature de notre esprit.

Le deuxième obstacle, c'est que c'est trop proche. Quand nous pensons à l'Éveil, nous imaginons qu'il nous faudra de nombreuses années, si ce n'est de nombreuses vies, pour y parvenir. En réalité, il est ici, dans notre propre conscience, à cet instant même. Nous ne voyons pas ce qui est trop proche, comme nos cils ou notre nez.

Le troisième obstacle, c'est que c'est trop bon. Nous ne pouvons imaginer une liberté totale, sans problèmes. En fait, nous sommes tellement attachés à nos problèmes que nous avons du mal à envisager de vivre sans eux ! Ils sont très importants pour nous, ils nous donnent le sentiment d'exister et, plus ou moins consciemment, nous ne parvenons pas à croire qu'une existence dénuée de problèmes soit possible et même souhaitable.

Le dernier obstacle, c'est que c'est trop profond. Nous ne voyons jamais les choses dans leur dimension totale, tant nous sommes habitués à voir les détails, les parties, les petites choses, comme des pièces de puzzle en désordre. Nous n'avons pas de vision globale, pas de perspective d'ensemble. En fait, il suffit de regarder notre esprit, de l'expérimenter tel qu'il est maintenant, et nous y sommes ! Mais dès que nous essayons d'attraper ce moment, de le fixer, il nous échappe. Le temps ne s'arrête jamais. On ne peut attraper un moment et dire « je l'ai ! ». Le présent n'a ni passé ni futur. Il s'agit de voir la vérité de manière directe et instantanée. C'est pourquoi la plupart des méthodes de méditation nous enseignent :

Ne vous attachez pas au passé, n'anticipez pas le futur, regardez juste le moment présent – maintenant.

L'état d'esprit samsarique est un état de souffrance qui provient d'une manière erronée de réagir, d'une incapacité de voir les choses telles qu'elles sont. Prenons l'exemple de la ville de Bruxelles. Où est la ville si nous enlevons toutes les maisons qui la composent ? C'est l'ensemble des maisons que nous appelons « la ville », et lorsque nous donnons un nom à cette ville, elle devient Bruxelles pour nous tous.

On appelle forêt un ensemble d'arbres. En fait, dans une forêt, il n'y a pas de forêt, il n'y a que des arbres. Chaque arbre à son tour est composé d'une série d'éléments. Nous créons quelque chose, nous fabriquons une entité à partir de plusieurs éléments, telle une forêt avec des arbres, un arbre avec des feuilles et des branches. Une fois créée, nous rendons cette entité très réelle, nous entrons en relation avec elle et nous réagissons par rapport à elle avec intensité, trop d'intensité parfois.

Il en va de même du « Moi », dont nous faisons le centre du monde. Si nous parvenons à en avoir une vision moins « solide », nous deviendrons moins rigides et nous pourrons dès lors gérer les situations de la vie avec plus de flexibilité.

Notre objectif est de voir les choses telles qu'elles sont et non de nier leur existence. C'est un point très important. Affirmer que je n'existe pas, que les choses n'existent pas, qu'il n'y a rien, ni maisons ni humains, n'est pas du tout notre but. Si tel était le cas, nous ferions mieux d'arrêter toute pratique spirituelle et d'aller tout de suite nous coucher ! Qu'en est-il du « je » qui ressent la faim ou les douleurs dans les genoux pendant la méditation ? Le but n'est absolument pas de dire que nous ne sommes pas là, que nous ne pouvons fonctionner en tant que « je suis ». Le but de cette analyse est de comprendre ce qui se passe et comment cela se passe lorsqu'on dit « je suis », ou « je vous vois », ou « je pense ceci ». C'est le *comment* qui est important.

Le but est de réaliser qu'il n'y a pas de « je », agissant et contrôlant tout derrière ce que nous pensons et sentons, comme une sorte de général en chef aux commandes des ordinateurs de la salle de contrôle, mais que cette perception d'un « je » naît de l'amalgame de nombreuses causes et conditions se rassemblant en un flux de même nature qu'un arc-en-ciel. Lorsque l'arc-en-ciel apparaît, personne ne peut nier sa présence : il est bien visible. Toutefois, par sa nature, l'arc-en-ciel est impalpable. On n'arrive jamais au pied d'un arc-en-ciel. Il est visible partout où les conditions sont remplies pour qu'il apparaisse : le soleil, la pluie, etc. Ainsi, bien qu'il puisse être vu dans le ciel, il n'a pas d'existence réelle. On ne peut le toucher et il n'a ni début ni fin.

De même, tout ce que nous voyons, tout ce que nous pouvons imaginer, est, d'une certaine manière comme un arc-en-ciel. Quand tous les ingrédients sont réunis, c'est-à-dire les causes relatives interdépendantes, les phénomènes apparaissent, mais qu'un seul élément vienne à manquer et le phénomène disparaît. En chimie aussi, la réaction attendue ne se produit que lorsque toutes les conditions sont réunies. Même lorsque les choses apparaissent, elles changent tout le temps et finissent par disparaître. C'est la nature même de tous les phénomènes, de vous, de moi, de Bruxelles – tout, dans l'univers entier. Nous pensons pourtant que les choses existent réellement. Nous essayons de les attraper, de les garder, mais il est impossible d'attraper et de retenir quoi que ce soit, parce que tout change sans cesse. Rien ne reste tel quel : quand une chose apparaît, elle change imperceptiblement et il suffit qu'une des conditions de sa manifestation se modifie ou disparaisse pour qu'elle disparaisse à son tour.

Une meilleure compréhension de ce processus diminuera notre attachement passionné aux choses. Nous nous détendrons et réagirons moins intensément. Confrontés à une expérience angoissante, nous aurons moins peur, comprenant que ce qui nous arrive n'est pas aussi réel qu'il n'y paraît. Nous

nous poserons la question : « Qui a peur de quoi ? » Notre « je » n'est pas si réel. Il est interdépendant et change tout le temps. Ce qui nous cause tant de frayeur est de même nature. Pourquoi avoir tellement peur de quelque chose qui n'est pas « si réel », notre « je » ne l'étant pas plus ? Cette situation d'angoisse est comparable à un cauchemar. Dans un cauchemar, des monstres peuvent nous terrifier, mais quand nous réalisons qu'il ne s'agit que d'un rêve, nous nous détendons : nous savons que nous ne serons pas vraiment dévorés...

Lorsque nous commençons à comprendre, même très superficiellement, qu'en raison de leur interdépendance les phénomènes ont un caractère relatif et fugace, qu'ils ne sont pas aussi solides et réels que nous le pensons, nos réactions changent. Rien ne nous affecte autant qu'avant, pas plus le laid et l'effrayant que le beau et l'attirant. L'attachement comme l'aversion diminuent, ce qui nous donne une liberté accrue. L'excitation n'est plus aussi grande lorsque de petites choses se passent comme nous le voulons, et nous ne sombrons plus complètement dans la déprime lorsque quelque chose ne va pas comme nous l'espérions. Nous devenons plus calmes, plus tempérés, et donc mieux en mesure d'affronter le monde.

Affirmer que rien n'existe est une vue aussi erronée que de croire que tout a une existence réelle et solide. Gampopa l'illustre en citant Saraha :

> *Croire à l'existence réelle des choses, c'est se comporter comme le bétail, mais croire à leur inexistence est encore plus bête.*

La manière correcte d'appréhender les choses est de suivre la « voie du milieu ». Ce n'est pas facile. Ce que nous appelons le « je », le « tu », toutes les actions, les causes et les effets, le karma, tout ce qui arrive, existe. Mais cette existence a quelque chose d'irréel, du fait même de sa manifestation ! C'est assez logique. Si tout était vraiment réel, solide, statique, il n'y aurait aucune possibilité de changement, tout resterait tel quel. C'est précisément parce que les choses n'ont pas de réalité fixe qu'elles changent et évoluent sans cesse. Combiner de l'oxygène et de l'hydrogène nous donnera de l'eau si les conditions de la réaction chimique sont réunies. Le mélange de deux substances en donne une troisième, ce qui n'est possible que par le fait que tout est interactif, que les choses n'ont pas d'existence propre, indépendante. Cette créativité n'est possible que parce que rien n'a d'existence réelle. Tout agit sur tout. Une graine plantée dans le sol deviendra une plante, qui produira une fleur, ou encore un arbre avec des fruits, ce qui ne pourrait se passer si la graine restait une graine. Tant que la graine reste une graine, il n'y pas de plante. Lorsque la plante a grandi, il n'y a plus de graine. Sans graine, il n'y aurait pas eu de plante, mais si la graine était restée une graine, il n'y aurait pas eu de plante non plus. La graine n'est pas une entité « solide ». Elle réagit en présence de certaines conditions pour devenir une plante qui va grandir et puis mourir.

C'est aussi ce qui explique que, du point de vue bouddhiste, même l'espace et le temps sont relatifs, sans existence fixe et solide. Beaucoup de choses peuvent se passer dans un petit espace, ce qu'illustre l'histoire de Milarepa et de la corne de yack.

Milarepa avait un disciple nommé Retchoungpa. Milarepa l'avait un jour envoyé en Inde pour ramener certains enseignements, mais

Retchoungpa avait aussi rapporté des livres de magie noire, ce que Milarepa réprouvait. Milarepa était venu à sa rencontre, et tous deux étaient sur le chemin du retour. Pendant que Retchoungpa puisait de l'eau, Milarepa brûla ses livres. Lorsque Retchoungpa le constata, il se mit dans une grande colère. Maître et disciple continuèrent leur chemin, Retchoungpa toujours de méchante humeur. Alors qu'ils traversaient un grand plateau sans le moindre abri, Milarepa dit à son élève de ramasser une corne de yack qui traînait sur le sol, remarquant que ce pourrait être utile. Retchoungpa obtempéra en grommelant, pensant que son maître était devenu fou. Quand ils atteignirent le centre du plateau, une violente tempête de grêle éclata. Milarepa demanda à Retchoungpa de poser la corne sur le sol et il s'y réfugia rapidement. La corne n'avait pas grandi et Milarepa n'avait pas rétréci, pourtant il était assis confortablement à l'intérieur. Il se mit à chanter, enjoignant Retchoungpa de venir le rejoindre.

Comment Milarepa avait-il pu s'asseoir dans la corne sans avoir rétréci et sans que la corne ait grandi ? De telles choses, qui semblent impossibles, peuvent arriver lorsque quelqu'un a une compréhension totale de la vraie nature des choses.

Affirmer avec conviction que les choses existent est un concept de notre esprit. Dire que tout est irréel est un autre jugement intellectuel, un autre concept. La vraie compréhension, la voie du milieu, c'est de voir les choses directement telles qu'elles sont, de façon expérimentale.

Dire d'une chose qu'elle est réelle signifie qu'elle est réelle dans le contexte du monde relatif. « Réel » et « irréel » sont des termes relatifs. Affirmer « ceci est irréel » implique que nous en établissons d'abord la réalité pour ensuite la nier. Cette compréhension superficielle reflète notre vision dualiste. La présupposition qui en est le fondement est erronée. Par exemple, lorsque nous disons : « Il n'y a pas de fantôme dans cette maison », nous devons d'abord admettre qu'il existe quelque chose que nous appelons « fantôme », pour ensuite en nier la présence. Dire « ceci est irréel » implique en fait que nous avons déjà accepté l'existence et la réalité de ce que nous nions. Cette approche purement intellectuelle est erronée.

Par le biais de nos facultés intellectuelles, nous sommes arrivés à la conclusion que rien, absolument rien, n'a d'existence indépendante et que tout, absolument tout, est en constant changement. Il est tout aussi erroné de soutenir que rien n'existe que de soutenir que tout a une existence solide et permanente. Ces deux affirmations sont des structures conceptuelles, de simples productions mentales. Or il n'est pas possible d'atteindre la vérité par un processus purement logique. Nous devons en faire l'expérience. Nous pouvons approcher la vérité grâce à l'intellect, pressentir ce dont il s'agit, mais nous ne pouvons la *voir*. Seule l'expérience nous fait voir directement la vérité, c'est ce qu'on appelle la voie du milieu. C'est cette voie que nous devons trouver.

La voie du milieu n'est pas un compromis entre deux choses. On l'appelle ainsi parce qu'elle ne tombe ni dans l'extrême du matérialisme ni dans celui du nihilisme. La voie du milieu, c'est voir les choses de façon non conceptuelle.

Repensons à Bruxelles. L'image de Bruxelles nous vient à l'esprit et nous semble très vraie. Pourtant cette image n'est pas Bruxelles, c'est uniquement l'idée que nous nous en faisons. Inconscients du processus, nous pensons que Bruxelles est « vraiment » comme nous l'imaginons. Si je parle de

« Calcutta », une image de Calcutta me vient à l'esprit, mais est-ce Calcutta ? Nous avons l'habitude de confondre l'image que nous nous faisons de la réalité avec celle-ci.

C'est la même chose pour tout ce qui nous vient à l'esprit. Pour vraiment voir la vérité, nous devons d'abord réaliser que ce n'est possible qu'en renonçant à nos concepts. Dès que les concepts s'interposent, la « vérité » devient une image créée par notre esprit. C'est pour cette raison que nous parlons d'une « manière non conceptuelle de voir la réalité » et que nous insistons tant sur ce point.

C'est ce qui explique aussi que les philosophes n'arrivent jamais à une conclusion définitive. Ils posent toujours les mêmes questions : Comment le monde est-il apparu ? A-t-il commencé par « une cause » ? Si c'est la cas, d'où vient cette cause ? Si le monde ne provient de rien, comment quelque chose peut-il provenir de rien ? La matière crée-t-elle l'esprit ou est-ce l'esprit qui créé la matière ? C'est le casse-tête des philosophes de tous les temps.

Ce problème naît en réalité de ce que nous présupposons l'existence du monde, sa « réalité ». Tant que l'on ne comprend pas la vraie nature des choses, il n'y aura jamais de réponse. Toutes ces questions resteront toujours sans réponse définitive car ce sont les prémisses mêmes de notre raisonnement qui sont fausses, à savoir notre conviction initiale que le monde existe bel et bien. À l'instant où nous découvrons la vraie nature des choses, *comment* elles existent, de telles questions ne se « résolvent » pas mais se « dissolvent ».

Nous avons dit plus haut que cette découverte est très simple et nous pourrions donc penser qu'elle est facile mais, hélas, il n'en est rien.

La description la plus proche de la vraie nature des choses est leur interdépendance.

Interdépendance est synonyme de shûnyatâ ou vacuité. J'hésite toujours à mentionner la vacuité, car bien des gens comprennent mal ce dont il s'agit. Vacuité ne veut pas dire que les choses n'existent pas. Parler de shûnyatâ ou d'interdépendance revient au même. Un grand philosophe a dit :

> *Comme il n'y a rien qui ne soit vide, il n'est rien qui ne soit interdépendant. Comme il n'est rien qui ne soit interdépendant, il n'est rien qui ne soit vide. Il n'est dès lors rien qui ne soit vide par nature.*

Rien ne peut être isolé. Nous appelons notre main « main » parce qu'elle est attachée à notre corps, sinon ce ne serait qu'un morceau de chair et d'os. Nous appelons une table une table, parce qu'il y a des chaises autour et que l'on y a posé des objets, sinon ce serait une étagère ou encore autre chose. Chaque chose est ainsi composée de nombreuses autres. Sans les pieds, il n'y aurait pas de table, mais une planche en bois. Les choses semblent exister, mais leur existence n'est que relative. On peut bien se promener en forêt, mais il n'y a que des arbres. Si on rase les arbres, il n'y a plus de forêt. Comme nous l'avons vu, « forêt » est un terme relatif, dépendant des arbres. Le terme arbre est lui-même un terme relatif, désignant un ensemble de branches, de feuilles, etc.

Toutes les choses n'ont qu'une existence relative, et non une existence absolue. « Relatif » signifie « qui dépend d'autres choses ». « Interdépendance » est dès lors la manière la plus juste de décrire la « vraie nature ». *Voir la vraie nature,* c'est voir cette nature relative, interdépendante, de manière très claire, très nette. Elle est présente partout, à tout moment. Elle est simplement « là », et ne peut être ni améliorée, ni endommagée, ni affectée, de quelque manière que ce soit.

Comme je l'ai déjà souligné, le problème, ce n'est pas la manière dont les choses sont mais notre manière de les voir. Nous n'en voyons pas la vraie nature, ce qui est la source de nos problèmes. Le problème est donc en nous, dans notre esprit. Étudier les choses une par une ne nous permettra pas de comprendre leur vraie nature, les séparer les unes des autres nous empêche en fait toute compréhension réelle.

Nous devons donc adopter la manière de voir correcte – mais comment procéder ?

Même une compréhension correcte de la vraie nature des choses n'est d'aucune utilité si elle reste purement intellectuelle. En effet, la compréhension intellectuelle ne change pas notre manière de les voir.

La pratique du dharma vise à modifier complètement notre manière de voir les choses. Il ne s'agit pas de remplacer des concepts par d'autres – ni une croyance par une autre – ce ne serait qu'un changement de nom, d'étiquette. Remplacer « ceci est ceci » et « cela est cela » par « cela est ceci » et « ceci est cela » n'a pas de sens. Nous n'avons pas changé notre esprit, mais uniquement échangé des étiquettes.

Dire que tout est vacuité ou que tout est solide et matériel ne sont que des concepts. Aucune transformation intérieure n'a lieu lorsque nous affirmons l'un plutôt que l'autre. Le vrai changement apparaît lorsqu'on voit les choses telles qu'elles sont vraiment par une perception directe, sans idées préconçues et sans concepts. Les émotions ne posent alors plus de problèmes car elles apparaissent comme des formes de la sagesse. La confusion et les problèmes commencent lorsque les concepts se mêlent à nos émotions et jouent avec elles.

Comment développer la sagesse

Les préliminaires. Ce livre de Gampopa réalise l'union des enseignements kadampa et du mahâmudrâ. Les enseignements du mahâmudrâ sont les plus élevés du vajrayâna. Ils nous apprennent à voir la vérité directement. Comment voir les choses de manière non conceptuelle est la pratique centrale du mahâmudrâ. Or, bien que les concepts soient irréels, voir les choses directement, d'une manière non conceptuelle, demande beaucoup d'entraînement. Nous n'avons pas l'habitude d'une telle approche et elle ne nous vient pas spontanément. Nous jugeons tout ce que nous ressentons et pensons, nous y donnons une forme, un nom, une étiquette, et déterminons si c'est bon ou pas, agréable ou pas. Sans cesse, nous estampillons les choses avec nos jugements de valeur. Ce qui n'est peut-être qu'un son ou une image, nous en faisons grand cas et construisons tout un monde autour.

Prenons un petit exemple de la manière dont nous réagissons constamment. Une voiture passe dans la rue, et le processus commence : « Tiens, une voiture. Elle fait du bruit. Cela me dérange. D'autant plus que j'essaie de méditer. Comment puis-je méditer avec toutes ces voitures qui passent sans arrêt ? » Notre esprit s'emballe et nous pouvons continuer ainsi pendant des heures. Si nous nous contentions d'entendre le bruit, puis de le laisser où il est, sans y accorder plus d'importance, le problème serait résolu.

Si nous voyions les choses telles qu'elles sont, il n'y aurait plus de problèmes, nous serions libérés, nous serions des bouddhas. La nature de bouddha est parfaite et elle est en nous, il suffit simplement de la découvrir, nous pourrions dire de la « déballer ». Pour y arriver nous devons nous défaire de nos concepts, nos schémas, nos conditionnements. Personne, aucun démon ne met d'obstacles sur notre route. Il n'y a que nous, nos concepts, nos idées et nos conditionnements qui nous bloquent. Rien n'est difficile si nous savons comment voir les choses. Nous n'avons besoin ni de lames aiguisées ni de marteaux-piqueurs pour enlever des couches superposées : il suffit d'ouvrir les yeux d'une manière nouvelle.

Gampopa dit à ce sujet :

Si tous les phénomènes sont vacuité, y a-t-il la moindre nécessité de cultiver cette conscience ? Oui. Ainsi, même si le minerai d'argent a la nature de l'argent, il faut encore le fondre et le purifier pour que l'argent, jusqu'alors invisible, apparaisse.

Nous ne parviendrons pas immédiatement à porter ce regard neuf sur les choses, aussi devons-nous d'abord passer par certains préliminaires. Le brouillard épais, agité, tumultueux, confus, qui obscurcit notre esprit doit être dissipé. Nous devons entraîner notre esprit, le dompter pour qu'il devienne plus détendu, plus clair, plus calme. Le texte dit :

Les préliminaires consistent à laisser l'esprit s'établir dans son état naturel. Il n'y a rien d'artificiel dans la pratique spirituelle. Il suffit de se détendre, de manière simple et naturelle, sans fabriquer quoi que ce soit d'artificiel. C'est ce en quoi consiste la méditation *shiné*. Ce n'est pourtant pas aussi facile qu'il y paraît, tant nous sommes habitués à réagir de façon artificielle. Nous avons beaucoup de mal à être simples. Dans le langage courant, on entend par « naturel » faire les choses de notre façon habituelle, ou encore sans contraintes ni responsabilités. Ce n'est pas ce qu'on veut dire ici, car notre manière habituelle de faire n'est pas nécessairement « simple » et « naturelle ». « Être naturel » dans le contexte bouddhiste signifie ne pas être conditionné par les habitudes, la confusion et l'ignorance, or agir de façon « naturelle » au sens usuel, c'est précisément agir conformément à nos conditionnements.

La première chose à faire est de se détendre, pour diminuer les tensions physiques et mentales. Ce n'est qu'alors que nous pourrons progressivement découvrir ce que l'on veut dire par « naturel ». On se détend sans rien faire ni penser. Si nous nous asseyons en pensant : « Maintenant, je dois me détendre. Suis-je détendu ? Suis-je vraiment détendu ? », nous ne sommes plus naturels. Laissons simplement notre esprit se poser, se calmer. Ce n'est qu'en s'exerçant souvent de la sorte que nous pourrons commencer à comprendre ce dont il s'agit.

Apprendre à se détendre, c'est comme apprendre à rouler à vélo. La plupart d'entre nous savent sûrement rouler à vélo. Même le meilleur des professeurs ne peut pas nous aider à trouver l'équilibre, nous devons y arriver nous-mêmes. Nous grimpons sur la selle, donnons un coup de pédale et... tombons. Nous recommençons et... nous tombons à nouveau. Nous regardons les autres avec envie : ils ont l'air de rouler avec tant de facilité ! Puis, finalement, après bien des essais, nous y parvenons à notre tour. Comment est-ce arrivé ? Bien sûr, nous devons rester vigilants : le chemin est plein de nids-de-poule et nos roues semblent attirées inexorablement par les trous que nous cherchons précisément à éviter. La manière dont on apprend à rouler à vélo est tout à fait similaire à celle dont on apprend à méditer. Peut-être que tout apprentissage doit se faire ainsi.

Le texte donne une brève citation du *soutra de la Prajnâpâramitâ* en sept cents vers :

> *Nobles disciples, restez dans un endroit solitaire, prenez plaisir à ne plus avoir d'occupations distrayantes et asseyez-vous les jambes croisées sans avoir à l'esprit aucun concept.*

La méthode de méditation. Nous allons donc parler à présent de la façon de méditer pour arriver à voir directement la nature de notre esprit. Nous avons donc tous une chance d'atteindre l'Éveil aujourd'hui ! Connaissez-vous à ce propos l'histoire de la première rencontre de Milarepa avec un maître du dharma ?

Désireux d'apprendre, Milarepa vint trouver un lama pour lui demander comment pratiquer le dharma. Le lama dit à Milarepa : « Tu as vraiment beaucoup de chance. Tu frappes à la bonne porte, j'ai une méthode très puissante, très directe et efficace. Si tu l'appliques et que tu commences à méditer le matin, tu atteindras l'Éveil l'après-midi. Si tu commences l'après-midi, tu l'atteindras le lendemain matin. » Milarepa fut vraiment convaincu de sa chance, d'autant plus qu'auparavant il avait déjà étudié la magie noire avec beaucoup de succès. Il alla se coucher, sans plus se soucier de sa pratique. Sept jours plus tard, le lama vint voir où il en était. Milarepa lui dit : « À vrai dire, je n'ai pas encore commencé. J'allais commencer un de ces matins, de manière à m'éveiller l'après-midi. » Le lama se fâcha : « Tu n'as rien compris ! J'ai eu tort de te dire une chose pareille. À présent je ne puis plus t'aider. Va-t'en maintenant. » Et il l'envoya auprès d'un autre maître.

La vraie méditation doit être pratiquée selon les instructions du mahâmudrâ :

> *La méditation consiste à laisser l'esprit tel qu'il est, sans adopter ni rejeter quoi que ce soit, sans concevoir l'être, le non-être ou toute autre chose.*

Laisser l'esprit se poser, le laisser libre, complètement libre : c'est le point essentiel. C'est aussi simple que ça. Habituellement, nous ne sommes pas libres, nous ne laissons pas nos esprits libres et ouverts. Nous créons des concepts et des comparaisons. Nous étiquetons, jugeons, nommons et divisons tout ce qui nous passe par l'esprit « ceci est comme cela », « ceci est à moi », « ceci est à toi », « c'est bon », « c'est meilleur », « c'est mauvais », « c'est pire ». Nous ne laissons jamais notre conscience en complète liberté. Nous adoptons des choses et des idées, nous en rejetons d'autres. Nous pensons : « J'aime ceci, c'est donc bon, je vais le prendre et l'utiliser », ou encore : « Je n'aime pas ceci, par conséquent, c'est détestable et cela doit disparaître. » Quand nous laissons les choses telles quelles, sans les juger, sans leur accoler quoi que ce soit, il n'y a pas d'effort mental. Mettre les choses dans des compartiments, comparer, adopter, rejeter sont des activités mentales sources de stress et de tensions.

Dans son état « naturel », notre esprit est totalement libre, il n'impose aucune restriction aux pensées, ne les juge ni ne les étiquette. C'est l'union du calme intérieur (*samatha* en sanscrit et *shiné* en tibétain) et de la vue pénétrante (*vipassyana* en sanscrit et *lhakthong* en tibétain). Notre esprit est calme et tranquille et, en même temps, nous le voyons directement dans toute sa profondeur, sans être interrompus ou obscurcis par les efforts, les pensées et les activités.

Tilopa fut un grand *mahâsiddha* [a] indien, un grand maître de la lignée du mahâmudrâ. Son occupation principale consistait à broyer des graines de sésame pour en extraire l'huile qu'il vendait ensuite à des prostituées. Il atteignit la réalisation en se livrant à ses activités habituelles.

Il enseigna la technique de méditation suivante, que nous connaissons sous le nom des six méthodes de Tilopa :

> *Ne pensez pas, ne réfléchissez pas, ne connaissez pas, ne méditez pas, n'analysez pas*
> *Laissez l'esprit tel qu'il est.*

« Ne pensez pas » pourrait aussi être traduit par « Ne te souviens pas » car cette injonction signifie qu'il ne faut pas poursuivre des pensées relatives au passé, ni s'appesantir sur celui-ci.

« Ne réfléchissez pas » fait référence au futur, à nos plans, nos anticipations, nos espoirs et nos angoisses.

« Ne connaissez pas » ou « ne soyez pas vigilant » se réfère au présent. « Sois vigilant » est pourtant une instruction courante de méditation. Aux

[a] Siddha : yogi ayant atteint une grande maîtrise de l'esprit et acquis des pouvoirs supranormaux. Maha-siddha : siddha ayant atteint un haut niveau de réalisation, sinon la réalisation parfaite.

premiers stades de l'apprentissage de la méditation shiné, nous devons essayer de maintenir cette vigilance. À défaut, notre esprit ne tardera pas à se trouver en vacance quelque part. Mais, à un stade ultérieur, nous devons nous abstenir de tout, même de rester vigilants. Lorsque nous essayons d'être conscients, nous faisons un effort et nous transformons la vigilance en un concept : « Je dois rester vigilant. »

« Ne méditez pas. » À un certain niveau, se dire « je médite » est aussi un effort qu'on s'impose et ce n'est dès lors pas « naturel ». On surveille ses pensées : « Maintenant, je médite. Ma méditation est dérangée par ce bruit. Pourquoi ne parviens-je donc pas à mieux méditer ? Que m'arrive-t-il ? » Cela signifie que nous essayons de nous couler dans une structure artificielle fabriquée par notre esprit et que nous appelons « méditation ». Selon Tilopa, ce type de méditation ne conduit pas au but.

« N'analysez pas » signifie que nous devons laisser notre esprit complètement libre, sans juger ni examiner. Mais à nouveau, tout comme pour la vigilance, l'analyse est très importante au début. Si notre esprit est incapable de se fixer, de se poser, si nous expérimentons des émotions fortes, si nous sommes très « solides » dans notre manière de voir les choses, nous devons au départ utiliser la raison, la logique, l'analyse pour parvenir à une certaine clarté. Néanmoins, ce ne sont que des instruments pour accéder à l'étape suivante. Si nous sommes très en colère, il peut être très utile de se rappeler que la colère nuit, qu'elle n'aide personne, ni nous-mêmes, ni les autres. Penser de la sorte nous met sur la voie.

Mais lorsqu'on veut vraiment voir la réalité de façon directe, même ces méthodes deviennent des obstacles et doivent dès lors être abandonnées.

« Laissez l'esprit à lui-même » sans contrainte, sans intervenir, sans artifices.

Ce sont les six méthodes de Tilopa pour atteindre ce que l'on appelle parfois l'« esprit ordinaire » ou encore la « sagesse spontanée ».

Pour expliciter ceci, je citerai Saraha, qui fut un des premiers maîtres du vajrayâna. Il a composé de nombreux chants de réalisation ou *dohas* en tibétain. Ces poèmes jaillissent parfois dans l'esprit de ceux qui atteignent la plus haute réalisation, comme l'expression spontanée de leur merveilleuse et joyeuse expérience. Certains des dohas de Saraha sont tellement beaux qu'ils sont devenus des chants populaires. Certains sont encore chantés de nos jours par les fermiers du Bengale, qui n'en connaissent plus l'origine ni la signification.

Écoute Fils ! Quelles que soient tes pensées,
Elles ne t'asservissent ni ne te libèrent.
Quelle merveille ! Repose-toi donc,
En laissant ton esprit tel quel, sans te laisser distraire ni [rien corriger.

Ce qui nous enchaîne est notre propension à créer des concepts, à élaborer des projets. Si nous n'étions pas sans cesse occupés à créer et à jouer avec les idées, nous ne serions pas prisonniers, et dès lors nous n'aurions aucun besoin d'être libérés. En effet, dire que nous devons nous libérer implique que nous sommes liés, enchaînés. Saraha affirme ici qu'il n'en est rien. En réalité, nous n'avons jamais été prisonniers et il n'y a rien dont il faille se libérer : nous avons toujours été libres. La liberté totale et donc la joie parfaite ont toujours été présentes. Il n'y a rien à craindre, rien dont il faille se préoccuper. Il n'y a ni limitation ni frontière, mais seulement une quiétude totale, sans souffrance ni misère.

Saraha comprit qu'il avait été jusqu'alors dans la confusion et s'était encombré de problèmes. Il avait toujours vu les choses de façon conventionnelle, s'était imposé des limites et n'avait rencontré que des souffrances. C'était totalement inutile. Quand il le comprit et se donna le droit d'être direct et naturel, sans imaginer ni projeter, il découvrit alors que rien ne l'avait jamais emprisonné. Il avait toujours été parfaitement libre. Il lui suffisait de s'en rendre compte. Il était à présent totalement libre, joyeux et satisfait.

Gampopa cite deux fois Nâgârjuna à ce sujet :

Comme l'éléphant dompté, l'esprit stabilisé, qui cesse d'aller et venir, est naturellement calme. Ce qu'ayant compris, de quel enseignement aurais-je besoin ? !

N'analyse pas, n'aie aucune pensée.

N'altère rien, laisse ton esprit dans sa propre nature sans artifices.

L'inaltéré est la nature non née, véritable,

La voie empruntée par tous les bouddhas des trois temps.

L'expression la plus importante est « sans artifices ». L'esprit non manipulé demeure dans l'état naturel, qui est l'état d'esprit de tous les bouddhas, du passé, du présent et du futur. Si nous laissons l'esprit totalement simple et direct, nous expérimenterons alors une liberté et une quiétude complètes. Nous réaliserons la vérité, car c'est cela la vérité. Il n'y a rien d'autre au-delà.

Gampopa cite également Shawaripa, aussi appelé le Seigneur de la retraite :

Ne vois de fautes en rien.
Fais l'expérience de ce qui ne peut être défini en [aucune façon.
Et n'attends aucun signe de succès.
Il n'est certes, dit-on, rien à méditer,
Mais garde-toi de la paresse et de l'indifférence.
Médite avec une attention de tous les instants.

La vérité est ce qui est simple, sans complications ni artifices. La vérité, l'esprit naturel, c'est la nature non née, sans ajout, sans soustraction, sans modification. Shawaripa ajoute que nous ne devons ni désirer ni rechercher la réalisation et ne pas attendre de signes de progrès.

S'il est certes enseigné qu'il n'y a pas d'objet de méditation, il ne faut pas pour autant tomber dans l'inactivité et l'indifférence. Ce point est très important. En effet, jusqu'ici nous avons souligné qu'il ne faut méditer sur rien, que nous ne devons rien faire si ce n'est abandonner toute activité, tout concept, tout artifice. Mais si nous adoptons cette idée de façon trop rigide et en venons à conclure qu'il nous suffit de dormir toute la journée, nous ne verrons non plus jamais la vraie nature de notre esprit. En fait, il faut essayer de rester dans cet état naturel toute la journée, nous familiariser avec cet état libre et non contraint, nous y habituer. Si nous n'y travaillons pas, nous retomberons dans notre état habituel conditionné, avec toutes nos vieilles habitudes et tendances.

Il se peut qu'un jour nous fassions brièvement l'expérience de cette vraie nature, que nous apercevions quelques instants ce qu'elle est, mais cette expérience ne dure pas, du fait que nous ne sommes pas familiarisés avec elle.

Un proverbe tibétain dit, en jouant sur les mots d'une façon intraduisible :

Le dharma n'a pas de soi, mais celui qui a le plus grand soi (en terme de détermination, de volonté et de persévérance) réussit.

Le dernier enseignement de Milarepa à Gampopa est une de mes histoires favorites. Gampopa était le meilleur étudiant de Milarepa, celui qui établit sa lignée. Quand vint pour Gampopa le moment de quitter son maître, Milarepa l'accompagna un bout de chemin jusqu'à une petite rivière. Il lui dit alors : « Maintenant va ton chemin. Peut-être ne nous reverrons-nous plus, mais c'est sans importance. Toutefois, je ne t'ai pas encore transmis mon instruction la plus précieuse, mais peut-être n'est ce pas encore le moment, c'est vraiment trop précieux. » Gampopa le supplia, mais en vain. Milarepa lui dit de partir. Gampopa traversait la petite rivière lorsque Milarepa le rappela : « Si je ne te donne pas cette instruction, à qui la donnerai-je ? Tu es mon meilleur élève ! » Gampopa revint sur ses pas, se prosterna, récita la prière d'offrande du mandala et fit une demande formelle pour recevoir l'instruction. Milarepa se retourna, releva ses vêtements et lui montra ses fesses « Voici ma dernière instruction ! » Les fesses de Milarepa s'étaient couvertes de cals et de cicatrices, preuve des longues heures au cours desquelles il était resté assis en méditation des années durant...

En d'autres termes, même s'il n'y a rien sur quoi méditer, il faut pratiquer avec acharnement.

L'essence, le cœur même de la méditation, c'est voir notre conscience, notre esprit, sans la confusion et les illusions que nous avons construites et surajoutées.

Comme nous l'avons déjà vu, il n'y a que deux formes de méditation bouddhiste. La première est la stabilisation de l'esprit *(shiné)*, qui rend l'esprit clair et tranquille. La seconde *(lhakthong)*, plus importante, est de voir la réalité, d'en faire l'expérience, d'en avoir une réalisation directe. Éliminant les voiles qui couvrent notre esprit, les brouillards de l'attraction et de la répulsion, cette méditation nous permet de voir progressivement la véritable nature de notre conscience avec une clarté totale. Cette réalisation, cette expérience, permet à toutes les qualités que nous pratiquons de devenir transcendantales, c'est-à-dire des pâramitâs.

L'intégration de la sagesse dans notre vie quotidienne. Il est impossible de demeurer tout le temps en méditation. Qu'il s'agisse de la pleine réalisation, d'une expérience non stabilisée ou d'un bref aperçu, comment la compréhension de la vraie nature de l'esprit affecte-t-elle notre vie quotidienne, ce qu'on appelle en tibétain *djé thob*[50] (traduit généralement par phase postméditative, et que Ken Holmes traduit plus justement par phase intermeditative [a]) ?

Gampopa dit à ce sujet :

Entre les méditations, pratiquez le plus possible la générosité et les autres pâramitâs qui permettent d'accumuler des mérites, en considérant toutes choses comme une illusion magique.

La première expérience, le premier bref aperçu que nous pouvons soudain avoir de la nature de l'esprit n'est encore qu'une expérience instable et fluctuante. Pourtant, sur base de cette compréhension encore limitée, certains en viennent à penser que rien n'existe, que tout est vide, qu'il n'y a ni bien ni mal, ni ciel, ni enfer, ni samsâra, ni karma, rien.

Lorsqu'une petite expérience de la réalité ultime nous fait ignorer la réalité relative, nous risquons de commettre de graves erreurs. Nous n'avons en fait pas encore suffisamment d'expérience, nous ne sommes pas encore suffisamment « éveillés ». Encore incapables de voir et de gérer les choses en termes relatifs, nous devenons trop idéalistes. Même si notre méditation est très élevée et que nous voyons clairement que tout est illusoire, au niveau relatif, les choses se passent et nous affectent, et c'est pourquoi nous devons rester très vigilants dans nos actions. Nos actions positives auront des résultats positifs, nos actions négatives entraîneront des résultats négatifs. Leur nature est certes illusoire, semblable à un rêve, mais tant que nous rêvons ce rêve, tout ce qui s'y passe nous affecte encore. C'est pourquoi, entre nos séances de méditation, nous

---

[a] « Intermeditative » souligne en effet l'alternance de sessions de méditation et de période d'activités ordinaires alors que postméditative sous-entend qu'un terme est mis à la méditation sans envisager de reprise ultérieure.

devons nous efforcer sans cesse de comprendre la manière dont notre esprit « réside » dans sa nature, d'avoir un esprit clair, lucide, pour voir ce qu'il y a lieu de faire et de ne pas faire, et agir en conséquence. Cette approche nous aide aussi à ne pas éprouver trop d'attachement ou d'aversion envers les gens et les choses.

Nous rencontrons autour de nous tant de sortes différentes de gens. Certaines personnes peuvent faire beaucoup de choses à la fois sans stress ni difficultés particulières. D'autres, au contraire, ne peuvent faire la moindre chose sans en éprouver de l'anxiété et sans trouver la charge et les responsabilités trop lourdes. Tout dépend de la manière dont nous gérons notre vie quotidienne. La plupart du temps, nous portons dans l'esprit tout ce que nous avons à faire comme un grand fardeau d'anxiété. Ce genre de situation m'arrive aussi. Par exemple, je reçois une lettre et je me dis que j'y répondrai demain. Le lendemain, j'en reçois deux autres et je me dis la même chose. Au bout d'un mois, ce n'est plus à une ou à deux, mais à toute une pile de lettres que je dois répondre. Je me dis que je n'aurai jamais le temps de le faire, alors qu'en ayant répondu tout de suite à chaque lettre cela n'aurait pris que quelques minutes.

La fatigue, la surcharge, le stress ne proviennent pas tant du travail à faire que de l'état d'esprit avec lequel on l'aborde. On grossit les choses. Écrire une simple lettre ne prend que quelques minutes. Faute de le faire sur-le-champ, on y pense et cela stresse. Nous rendons nous-mêmes les choses rébarbatives et lourdes, or la plupart d'entre nous préfèrent éviter de faire ce qui est perçu comme difficile ou désagréable. Le fait même de porter ce fardeau nous empêche de faire d'autres choses, car nous avons l'impression d'être déjà tellement occupés. On s'inquiète au sujet de ce que l'on doit faire, au lieu de simplement le faire.

Si nous ne demeurons pas tout le temps en méditation, nous devrions cependant essayer de rester sous l'influence de l'état méditatif, ce qui nous permet de nous sentir libres, légers et de prendre les choses comme elles viennent. Il suffit de faire ce qui doit être fait, sans s'investir excessivement ni dans l'action ni dans ses résultats éventuels. Si tout se passe bien, tant mieux. Sinon, tant pis, nous aurons du moins fait de notre mieux. En restant légèrement détachés, nous pouvons faire beaucoup de choses, être très actifs sans pour autant nous sentir harassés et stressés.

Cette nouvelle clarté d'esprit nous aidera à distinguer ce qui est bon de ce qui ne l'est pas, tant pour nous-mêmes que pour les autres. En intégrant notre pratique, notre méditation, à notre vie quotidienne, nous n'abandonnons pas le monde relatif et nos responsabilités. Nous faisons ce que nous avons à faire, sans que ces tâches deviennent des corvées et nous pèsent. En outre, grâce à cette nouvelle manière de voir, d'aborder le monde, personne ne pourra plus rien nous imposer. Même si nous avons de grandes responsabilités et beaucoup de travail, il nous sera encore possible malgré tout de continuer la pratique et la méditation. C'est la voie du vajrayâna.

Gampopa cite de nombreuses sources pour expliquer comment la sagesse, la compréhension de la vraie nature de tous les phénomènes, englobe tout : le refuge, la bodhicitta, les six pâramitâs, les offrandes, les actions justes, les prosternations, la purification, le respect des vœux et des préceptes, l'étude, la contemplation et la méditation, les offrandes de torma, etc.

Ainsi, en ce qui concerne le refuge, Gampopa cite le *Soutra requis par le roi des Nagas, Anavatapta* [a] :

> *Le bodhisattva sait qu'au sein des phénomènes il n'y a pas de soi, d'existence, de vie ni d'individus. À l'instar du tathâgatha, il ne leur attribue rien, ni forme, ni caractéristiques, ni essence. Cela, c'est prendre refuge dans le Bouddha avec un esprit exempt de fabrications mentales.*

La manière d'inclure la compréhension du vrai mode d'existence des choses dans toutes les différentes pratiques est ainsi abondamment illustrée dans le texte. Nous n'entrerons pas ici dans le détail, mais je vous recommande de lire attentivement ce chapitre, éventuellement de le mémoriser, parce que cette façon de voir, cette forme de méditation nous délivre de tous nos problèmes.

Certaines techniques méditatives utilisent aussi des pratiques de yoga qui travaillent sur l'esprit par le biais du corps. Les états mentaux sont instables, extrêmement fluctuants, et la personnalité n'a pas d'existence réelle. Le corps et l'esprit, comme toutes choses, dépendent l'un de l'autre. L'esprit peut influer sur le corps et vice versa. Parfois le corps se modifie au point qu'il n'y a plus d'esprit : c'est le cas quand nous mourons. Nous savons depuis longtemps qu'il existe une étroite connexion entre le corps et l'esprit. Selon la médecine tibétaine, un excès de bile provoque la colère sans autres raisons que notre déséquilibre physique. Un déséquilibre de l'élément vent peut entraîner la folie, et ainsi de suite. Les exercices de yoga sont aussi des tentatives pour contrôler l'esprit à travers le corps. Cette connexion est réelle, indéniable et très importante.

---

[a] *Anavataptanâgarâja-pariprcchâ sûtra.*

On ne peut toutefois pas dire que l'esprit crée la matière ou que la matière crée l'esprit.

L'esprit est très puissant, la matière aussi. Certaines pensées et certaines émotions ont une influence sur notre physique. Par exemple, notre visage peut devenir rouge de colère. Les pensées et les émotions ont une influence indéniable sur le système nerveux, le cerveau, le corps. Tenir compte exclusivement des signes extérieurs peut induire en erreur. On peut s'imaginer que certains signes extérieurs entraînent des modifications au niveau mental alors que cela pourrait bien être le contraire.

Ce qui nous concerne, du point de vue bouddhiste, c'est la tranquillité de notre esprit, la gestion des situations auxquelles nous sommes confrontés pour mettre un terme à la souffrance. Dans ce contexte, l'esprit est beaucoup plus important, parce que c'est de lui que dépendent nos expériences de bonheur et de malheur. Pourtant, l'esprit est tout aussi relatif et irréel que la matière. En dernière analyse, nous ne trouvons nulle part d'esprit contrôlant la matière. Il n'en reste pas moins que l'esprit a assez de force pour influencer la matière. Milarepa pouvait supporter des froids allant jusqu'à moins trente degrés en ne portant qu'une simple robe de coton, sans ressentir le gel, ce qui démontre la puissance que peut avoir l'esprit.

Le but des différentes pratiques du bouddhisme est d'amener notre esprit à voir sa propre nature. Les visualisations, les pratiques de yidam, les sâdhanas, les différentes formes de méditation, les vœux monastiques, etc., toutes ces pratiques ont été conçues pour libérer notre esprit de ses concepts, de ses habitudes, de ses conditionnements. Voir directement la vraie nature de notre esprit est la façon la plus puissante de nous libérer, car elle nous débarrasse de nos illusions, de nos barrières et de notre confusion.

Il y a toujours eu des controverses quant à savoir si la réalisation est soudaine ou progressive. D'une certaine façon, l'Éveil est toujours soudain. Voir les choses d'une façon neuve, en avoir une expérience directe ne peut pas être progressif. Si nous tirons un rideau, nous voyons d'un coup tout ce qu'il cachait. Ce n'est pas un processus graduel. De la même façon, nous expérimentons l'esprit naturel en un instant, soudainement. Mais notre compréhension croît progressivement vers cette réalisation. Pour comprendre quoi que ce soit, il nous faut d'abord étudier, connaître les bases et ainsi développer une certaine confiance. Progressivement, on arrive à se faire une idée générale, les choses deviennent de plus en plus claires, même s'il reste encore des zones d'ombre ou si la clarté n'est pas totale. Puis peut-être qu'un jour nous en aurons l'expérience soudaine. Au début, cette expérience survient puis disparaît. Elle est instable. Ensuite, rapidement ou pas selon les personnes, la véritable expérience se développe et la stabilité s'acquiert.

Même à un stade avancé de méditation, la « vue » n'a pas encore la clarté parfaite. C'est le sens de la dernière instruction de Milarepa. On ne doit jamais arrêter de pratiquer. Nous devons exercer notre esprit pour rendre notre expérience de plus en plus claire. Plus nous avançons dans la pratique, plus nous nous rendons compte à quel point nos habitudes sont ancrées et qu'il nous reste un long chemin à parcourir. C'est pourquoi nous envisagerons, au chapitre suivant, les différentes étapes, ou bhumis, qui jalonnent cette voie. Nos habitudes, nos réactions d'attraction et de répulsion, sont très puissantes. Même lorsque nous aurons une expérience stable et directe et que nous aurons surmonté la plupart de nos émotions négatives, nous serons encore longtemps affectés par nos habitudes, nos préjugés et nos conditionnements. C'est pourquoi la persévérance est indispensable.

Les signes de développement. Nous avons donc médité selon les instructions, mais l'avons-nous fait correctement ? Certains signes permettent de discerner si nous pratiquons de la bonne manière.

Gampopa les énumère ainsi :

> *Lorsqu'on s'est habitué à la connaissance transcendante, on est attentif à faire le bien, on est de moins en moins sujet aux émotions négatives, on éprouve de la compassion pour les autres, on s'adonne assidûment à la pratique, on renonce à toutes les distractions et l'on ne s'attache plus aux choses de cette vie.*

Le premier signe est la diminution de nos émotions négatives. Vérifions si la colère, la fierté, la jalousie, l'attachement ont diminué. Si ce n'est pas le cas, notre pratique n'est pas correcte. Le fait d'avoir reçu des enseignements de nombreux lamas, de pratiquer depuis des années, de méditer plusieurs heures par jour en frappant un tambour, ne signifie pas grand-chose. Ce qui compte vraiment, c'est de parvenir à diminuer nos émotions négatives. Si nous étions de tempérament colérique et que nous nous fâchons moins facilement à présent, c'est que notre pratique, quelle qu'elle soit, a été efficace. La réussite est le résultat d'une pratique authentique, bouddhiste ou pas. C'est le signe le plus important d'un développement positif.

Le deuxième signe est de ressentir davantage de compassion. C'est un processus naturel : si nous travaillons sur nos émotions négatives, nous devenons naturellement plus attentifs, plus compréhensifs envers les autres et leurs problèmes. Par ailleurs, si nous comprenons, ne fût-ce qu'un peu, la vraie nature de notre être, nous devenons moins égoïstes, moins égocentriques et, spontanément, nous éprouvons plus de compassion pour tous les autres êtres.

Il y a de nombreux autres signes, mais ils sont en fait tous inclus dans ces deux-ci. Ils nous indiquent que nous sommes sur la bonne voie. Si nous ne sommes pas parvenus à diminuer nos émotions et à accroître notre compassion, il est fort douteux que nous pratiquions correctement.

Réaliser notre vraie nature est aussi une source de joie. Un des signes d'une pratique juste du dharma, c'est que nous devenons des gens plus faciles à vivre. Si la moindre contrariété nous irrite, c'est le signe que quelque chose cloche et que nous avons encore beaucoup de travail à faire. Nous devons apprendre à ne pas réagir aux provocations, à ne pas les prendre trop sérieusement. Si nous prenons tout très au sérieux, c'est qu'il nous reste encore un long chemin.

Se fâcher pour un rien peut devenir une habitude. Si nous laissons celle-ci s'installer, nous verrons bientôt le monde qui nous entoure peuplé d'ennemis. Nous finirons par soupçonner tout notre entourage de n'attendre qu'une bonne occasion pour nous nuire et risquons de finir paranoïaques. En fait, nous nous sommes laissé piéger par une manière de voir qui ne correspond pas à la réalité.

Nous ne pouvons pas être fâchés et joyeux en même temps. En devenant moins égocentriques et en ayant plus de compassion, nous nous sentons plus libres et joyeux, plus détendus et faciles à vivre – ce qui est déjà, en soi, une grande manifestation de compassion, autant vis-à-vis de nous-mêmes que des autres.

« Travailler au bénéfice de tous les êtres », qui est l'aspiration au bodhisattva, c'est certes une pensée merveilleuse, mais qui sont ces « êtres sensibles » ? Il y en a des millions, des milliards, dans le monde, dans tout l'univers. Cependant, les êtres sensibles les plus importants sont ceux qui sont les plus proches de nous. Nous fâcher avec nos proches, mais être pleins de compassion pour « tous les êtres sensibles » prouve notre manque de sincérité. Nos proches sont aussi des êtres sensibles. Commençons par nous-mêmes, continuons avec nos proches, et ainsi de suite. Si quelqu'un nous fait une faveur ou est bon avec nous, apprenons à lui rendre sa bonté. Apprenons la générosité envers les autres, ceux qui nous sont proches d'abord, puis tous les autres. On ne peut véritablement vouloir le bonheur de « tous les êtres sensibles » si on ne supporte pas son voisin.

Le résultat de la sagesse

Le but ultime de la pratique de la Prajnâpâramitâ est d'atteindre l'Éveil, la bouddhéité. Le résultat pratique, temporaire, de cette pratique est de nous sentir libres et heureux, d'éprouver la joie au sein même du samsâra.

Ce qui nous concerne, du point de vue bouddhiste, c'est la tranquillité de notre esprit, la gestion des situations auxquelles nous sommes confrontés pour mettre un terme à la souffrance. Dans ce contexte, l'esprit est beaucoup plus important, parce que c'est de lui que dépendent nos expériences de bonheur et de malheur. L'esprit a assez de force pour influencer la matière. Milarepa pouvait supporter des froids allant jusqu'à moins trente degrés en ne portant qu'une simple robe de coton, sans ressentir le gel, ce qui démontre la puissance que peut avoir l'esprit. Pourtant, l'esprit est tout aussi relatif et irréel que la matière. En dernière analyse, nous ne trouvons nulle part d'esprit contrôlant la matière.

VII.

Les cinq voies du bodhisattva

D'un certain point de vue, il n'est pas nécessaire de connaître à l'avance les différentes étapes qui jalonnent le chemin vers l'Éveil. Il nous suffit de pratiquer avec assiduité et nous verrons bien ce qu'il adviendra. Toutefois, il est naturel de vouloir savoir où nous en sommes, évaluer la distance déjà parcourue et celle qui nous reste encore à faire. Sans une certaine idée de l'ensemble du parcours, nous risquons de nous tromper ou de nous sentir perdus et confus. Certains pourront croire qu'ils ont atteint un niveau élevé alors qu'il n'en est rien. D'autres risquent de se décourager en voyant passer les années sans obtenir ce qu'ils croyaient facilement à portée de main. Si nous savons que la voie est longue et qu'elle comprend plusieurs étapes, nous serons moins impatients et nous ne nous attendrons pas à atteindre l'Éveil rapidement et sans efforts. Nous prendrons conscience de la profondeur des problèmes auxquels nous sommes confrontés. Il suffit de voir les difficultés rencontrées par ceux qui tentent de résoudre certains problèmes qui remontent seulement à leur petite enfance : toutes les thérapies nécessaires, les longs traitements, l'énergie et la volonté requises... Dans le cas qui nous occupe, il s'agit de nous libérer de tous nos problèmes, d'atteindre la liberté totale, de nous purifier des conditionnements extrêmement profonds et puissants qui se sont créés et renforcés au cours de tant de vies successives !... On ne peut s'attendre à se défaire facilement de tels conditionnements. Nous devrons plonger au plus profond de notre esprit, à la racine même de notre psyché. Ce n'est pas facile. La voie doit nous permettre d'aller là même où les problèmes s'enracinent. Ce qui ne veut toutefois pas dire que résoudre ces problèmes doive nécessairement prendre beaucoup de temps. Le temps nécessaire dépend des capacités de chacun, mais la durée n'est pas l'élément essentiel. L'essentiel, c'est d'arriver directement à un niveau de conscience plus profond que ceux atteints par n'importe quelle thérapie. Ce niveau atteint, nous devons le « décontaminer », le purifier de tous ses conditionnements. Si nous ne comprenons pas correctement cet objectif, nous pourrons bien méditer des mois, des années ou toute notre vie, nous n'obtiendrons pas le moindre résultat. Nous devons bien prendre conscience que ce n'est pas un travail facile, sinon nous nous découragerons vite en constatant le peu de changement et la persistance de nos problèmes après quelques mois ou quelques années de pratique.

Gampopa a condensé ce que l'on appelle *les trente-sept branches de l'Éveil* en cinq étapes.

La première étape de la voie est celle de *l'accumulation*[51], au cours de laquelle nous accumulons autant de bonnes actions que possible. Nous n'avons certes pas encore la sagesse parfaite, mais nous faisons de notre mieux et tendons vers elle. Nous nous efforçons de développer la compassion, la bodhicitta et la sagesse, grâce à l'étude, la réflexion et la méditation. Nous y travaillons avec enthousiasme et assiduité et, petit à petit, nous constatons des progrès.

Gampopa inclut douze des trente-sept branches de l'Éveil dans cette étape, à savoir les quatre entraînements de l'esprit, les quatre pratiques correctes et les quatre apparitions miraculeuses.

Le chemin commence dès l'instant où nous avons généré la bodhicitta en exprimant le double souhait de devenir des bouddhas et d'aider tous les êtres à en faire autant. Par ce vœu, nous nous engageons à suivre la voie des êtres éveillés. Tant que nous ne nous sommes pas fixé une destination spécifique, nous errons sans but. Même si nous marchons des kilomètres dans une certaine direction, on ne peut pas dire que nous ayons commencé un voyage. En revanche, dès l'instant où nous avons décidé de nous rendre quelque part, quand bien même nous prendrions la direction opposée, notre voyage a déjà commencé. Dès que la bodhicitta surgit dans notre esprit et que nous faisons des efforts positifs pour la développer, nous sommes sur le chemin des êtres éveillés.

Lorsque nous sommes au stade de l'accumulation, nous devons tout faire pour rester sur la bonne voie, grâce à l'écoute, la réflexion, la méditation et la pratique. À ce niveau, l'expérience nous manque et comme nous n'avons pas encore vu directement la vraie nature des choses, une confiance totale nous fait défaut. Nous avons encore des doutes, c'est normal, mais nous devons les gérer intelligemment, raisonner et trouver la pratique qui semble juste et qui nous convient. C'est le plus important à ce niveau. Il est aussi essentiel de nous trouver un enseignant en qui nous ayons toute confiance. Nous avons besoin d'enseignements fiables sur lesquels fonder nos convictions, notre philosophie et notre comportement. Notre mode de vie devient alors la voie.

Le deuxième niveau est ce qu'on appelle la phase d'intégration ou parfois le stade de jonction. Nous sommes prêts à « capitaliser » ce que nous avons appris et acquis.

Ce niveau, qui est divisé en quatre étapes, trace la fine ligne de démarcation entre l'état d'esprit samsarique des êtres ordinaires et l'état d'esprit non samsarique des êtres supérieurs. C'est donc un niveau intermédiaire qui peut ne durer chez certains que quelques instants, chez d'autres plusieurs mois, voire plusieurs années, mais qui de toute façon n'est relativement pas très long. Nous pourrions dire qu'il s'agit du « sommet » de la phase d'accumulation, qui précède l'accès au niveau suivant. Lorsque nous nous rapprochons de ce dernier, nous développons une confiance accrue en nous-mêmes et nous percevons sa « chaleur ».

C'est pour cette raison que la première étape du deuxième niveau s'appelle le « réchauffement ». C'est comme s'il y avait un feu tout proche, caché par un rideau : nous ne pouvons le voir, mais il est tellement proche que nous sentons son rayonnement et nous sommes sûrs de sa présence. Notre méditation, notre compréhension, notre confiance sont alors telles que presque tous nos doutes s'évanouissent.

Viennent ensuite le niveau du « sommet » et de la « patience ».

La dernière étape du deuxième niveau s'appelle « le plus haut niveau mondain ». C'est le dernier stade où nous conservons encore une vision « mondaine » des choses.

Gampopa explique que si nous mettons ce niveau en rapport avec les trente-sept branches de l'Éveil, l'accent est mis sur la pratique des cinq facultés et des cinq pouvoirs.

Le troisième niveau est celui de la vision intérieure, de l'expérience directe de la vérité, de la vraie nature de l'esprit, le stade du mahâmudrâ. On y atteint l'état d'*ârya*, qui signifie « élevé au-dessus ». Sans être encore un parfait bouddha, on n'est déjà plus une créature samsarique.

Quand on parle de « vision », il ne s'agit pas vraiment de « voir » au sens courant du terme, mais plutôt d'expérimenter directement. Nous accédons à une expérience complète de la vérité. Il n'y a pas de vision supérieure, ce qui ne signifie toutefois pas que cette vision ne puisse être élargie, approfondie ou améliorée. Il y a beaucoup de débats philosophiques sur ce point. Selon certains, il ne peut y avoir de gradation dans la vue, puisque celle-ci est une expérience de la vérité dans sa totalité. D'autres, au contraire, soutiennent qu'il y a une gradation et des niveaux ultérieurs. Ces derniers illustrent leur point de vue par l'exemple suivant : quelqu'un dans une pièce sombre qui apercevrait le ciel par un petit trou de serrure voit certes le ciel, mais pas encore dans sa totalité, avec les étoiles, les nuages, l'horizon, etc. De même, on peut avoir vu la vérité sans en avoir encore expérimenté toute l'étendue. Plus nous progressons, plus notre vision s'élargit et s'approfondit. Le trou de serrure s'élargit en fenêtre, puis en baie vitrée, jusqu'à ce que tout cloisonnement disparaisse et que nous nous trouvions dehors, sur une plage où nous percevons enfin le ciel dans sa totalité.

Ce troisième niveau correspond au premier bhumi des terres du bodhisattva [a] ainsi qu'au niveau de *Celui qui entre dans le courant* [52] dans le système theravadin. Ce sont trois synonymes.

Le quatrième niveau est celui de la méditation. Nous avons bien sûr médité avant d'atteindre ce stade, mais ces méditations restaient encore « mondaines ».

Ce n'est qu'au quatrième niveau que l'on peut parler de méditation transcendantale, ou de pâramitâ de la méditation.

Dès l'instant où nous avons atteint le stade de la vue, nous sommes libérés de la confusion et des illusions. Néanmoins, nos habitudes sont toujours là. S'en débarrasser est très difficile et c'est cette élimination progressive qui fait l'objet de ce quatrième niveau, qui se subdivise lui-même en différents stades. Ce sont les différents niveaux ou bhumis du bodhisattva qui seront exposés en détail dans le prochain chapitre. Au premier, tout est clair lorsque nous méditons, mais nous redevenons aussi confus qu'avant dès que nous sortons de méditation. La différence entre l'état méditatif et « interméditatif » s'estompe au fur et à mesure que nous progressons à travers les différents stades, pour finalement disparaître.

C'est à ce niveau que nous réalisons « l'Octuple Sentier » des êtres réalisés.

---

[a] Voir chapitre suivant.

Le cinquième niveau est celui de l'accomplissement parfait. Parfois on parle aussi de « niveau au-delà de la méditation » ou « au-delà de l'étude ». À ce dernier stade, nous sommes devenus des bouddhas parfaitement éveillés, nous n'avons plus rien d'autre à accomplir et il n'y a plus de différence entre la méditation et la vie active.

Milarepa atteignit ce stade, parfois nommé *yoga de la rivière qui coule* : quoi que nous fassions, la rivière continue à couler. Ainsi, à ce niveau, il n'est rien qui ne soit méditation. Nous sommes en méditation permanente, sans la moindre trace de confusion et sans que rien ne puisse plus nous troubler.

On parle aussi de *samâdhi pareil au vajra*. Dans la légende indienne, le vajra est indestructible. Il peut détruire ou traverser n'importe quoi sans être détruit. Être dans un état méditatif pareil au vajra signifie que rien ne peut détruire, modifier, troubler ou ébranler notre méditation.

Les cinq qualités de cette méditation profonde semblable au vajra sont énumérées par Gampopa :

— elle est libre d'entraves car aucune activité samsarique ne peut la perturber ;

— elle est durable, car aucune souillure ne peut l'entacher ;

— elle est stable, car aucune pensée ne peut la troubler ;

— elle est homogène parce que d'un goût unique ;

— elle est pénétrante, car centrée sur la nature ultime commune à — toutes les choses connaissables.

VIII.

Les dix terres du bodhisattva

Les dix terres du bodhisattva, encore appelées les dix bhumis, correspondent au niveau de la méditation du chapitre précédent. Il est ici divisé en dix étapes. La voie dans son ensemble comprend donc treize niveaux : le niveau du débutant, le niveau de la pratique née de l'aspiration, les dix niveaux du bodhisattva, et le niveau de la bouddhéité.

Nous n'avons pas atteint les niveaux dont il est ici question et nous en ignorons tout. Ce sont les êtres réalisés qui nous décrivent leur expérience. Ce chapitre nous donne une idée de ce qui se passerait si, d'aventure, nous nous décidions à pratiquer vraiment.

Diverses expériences peuvent survenir au cours de notre pratique. En fait, il n'est rien que l'on ne puisse expérimenter en méditation. Parfois on peut se sentir minable, stupide, inférieur, et parfois, au contraire, on se sent tel un bouddha totalement éveillé. Aucune de ces expériences, que l'on appelle *nyam* [53] en tibétain, n'est réelle. Elles n'ont qu'un caractère temporaire et fugitif. Faute de le comprendre, nous pouvons imaginer avoir atteint la parfaite réalisation, agir en conséquence, et commettre bien des erreurs. Ce genre de méprise peut avoir des conséquences désastreuses, tant pour nous que pour notre entourage. C'est justement pour éviter de telles situations pénibles que l'on détaille les différents niveaux et tous les stades qu'ils comportent.

Sous un autre angle, cette énumération peut nous décourager. Avec tant de niveaux et de stades, le chemin spirituel peut nous paraître vraiment trop long, trop difficile. Rappelons-nous toutefois que le temps n'a plus vraiment d'importance pour quiconque a atteint le premier bhumi. Une telle personne n'a plus vraiment de problèmes, comme l'expliquent les versets du *Bodhicharyâvatâra* déjà mentionnés plus haut :

> *Par la vertu des mérites, le corps est à l'aise, par la vertu de la sagesse, l'esprit est à l'aise. Dès lors, quelle que soit la durée de son séjour dans le samsâra, un bodhisattva n'est jamais malheureux.*

Dès que nous avons un aperçu de la sagesse, dès que nous avons fait l'expérience de la vraie nature des choses, l'esprit devient paisible, libre de tout attachement et de toute avidité. Nous avons cessé de poursuivre ou de fuir les choses. N'étant plus sujets à la souffrance et au malheur, nous demeurons contents, joyeux et détendus. Dès lors, rester dans le samsâra ne nous dérange plus. Notre esprit est pur, et donc nos actions le sont aussi. En effet, un esprit pur ne peut commettre d'actes négatifs. Comme les actions positives entraînent nécessairement des conséquences karmiques positives, un bodhisattva n'expérimente pas de véritables souffrances. Même s'il choisit de naître sous une forme très ordinaire, dans un environnement très difficile, plein de souffrances, il sera certes sujet à la loi de l'interdépendance et traversera de nombreuses épreuves mais, au niveau intérieur, au véritable niveau, celui de l'esprit, il ne souffrira pas.

Un tel bodhisattva peut rester volontairement dans le monde très longtemps sans que le monde le perturbe. Il y reste dans le but d'aider les autres. Devenir un bouddha ne signifie nullement que l'on cesse d'aider les autres, au contraire, notre capacité d'aide s'accroît infiniment. Mais un bodhisattva ne considère plus comme sa priorité de devenir un bouddha.

Gampopa décrit en détail les dix « terres » du bodhisattva, leur nature, leur signification, leurs bases, les maîtrises particulières et les puretés associées à chacune, ainsi que les pratiques qui doivent être accomplies. Je ne crois pas nécessaire d'entrer ici dans tant de détails et nous ne verrons qu'un résumé de chaque bhumi.

Le premier bhumi s'appelle en tibétain *rab tou gawa* [54], ce qui signifie « joie suprême ». Ce niveau est décrit comme suit :

> *Voyant que l'Éveil est proche et accompli le bien des êtres, on éprouve une immense joie, d'où le nom de joie suprême.*

Ceux qui atteignent ce niveau expérimentent une joie immense. L'Éveil est à portée de main et leurs actions sont vraiment bénéfiques aux autres. Ils sont totalement convaincus d'avoir laissé derrière eux l'état d'esprit samsarique et savent qu'ils seront désormais capables d'aider tous les êtres, d'où leur joie constante. À ce stade, toute la confusion, toutes les souillures dues au manque de compréhension correcte sont complètement purifiées et éliminées.

Toutefois, d'autres types de négativités, telles les habitudes et les tendances enracinées, ne s'effacent pas si facilement. On pourrait dire, si l'on prend l'exemple d'une pomme de terre, que seule la peau a été enlevée. Toutes les pâramitâs sont pratiquées, mais seule la première d'entre elles, la générosité, est devenue parfaite et transcendantale.

Gampopa décrit les capacités propres à ce premier bhumi comme suit. On peut :

— atteindre cent absorptions méditatives profondes ;
— contempler cent bouddhas ;
— connaître parfaitement leurs bénédictions ;
— ébranler cent univers ;
— se rendre dans une centaine de champs purs de bouddhas ;
— illuminer cent systèmes cosmiques ;
— amener cent êtres à parfaite maturité ;
— rester en vie pendant cent ères cosmiques ;
— connaître cent ères cosmiques passées et futures ;
— élucider cent enseignements du dharma ;
— produire cent manifestations de soi-même ;
— manifester chacune de ces formes physiques accompagnée de cent autres bodhisattvas.

Ces diverses capacités sont multipliées à chaque bhumi.

Le deuxième bhumi s'appelle *drima mépa* [55] en tibétain, ce qui veut dire « immaculé ».

Cette terre porte le nom d'Immaculée parce que nul relâchement de la discipline ne vient la souiller.

À ce niveau, c'est la pâramitâ de la conduite morale qui devient transcendante, qui est amenée à son point culminant.

Le troisième bhumi est *eu tché pa* [56], « celui qui illumine », le « lumineux ».

À ce niveau, le bodhisattva a une expérience lumineuse du dharma et des absorptions, et il fait rayonner le grand éclat du dharma sur les êtres.

C'est la pâramitâ de la patience qui devient transcendante.

Le quatrième bhumi s'appelle *eu tro wa* [57] en tibétain, ce qui signifie « radieuse » :

À ce niveau rayonne la lumière de sagesse des auxiliaires de l'Éveil, et cette lumière consume les deux voiles.

C'est la pâramitâ de la diligence qui devient transcendante.

Le cinquième bhumi est *djang ka wa* [58], le « difficile à maîtriser » :

Djang signifie plutôt « purifier ». Comme à ce niveau la sagesse n'est pas encore totalement réalisée, nous rencontrons encore des difficultés dans la pratique de la Prajnâpâramitâ :

À ce stade, le bodhisattva n'a de cesse d'amener les êtres à maturité, sans s'affliger de leur ingratitude, et ces deux choses sont difficiles à réaliser.

Nous ne sommes pas encore parvenus à une parfaite réalisation de la non-dualité. Dès lors, lorsque nous venons en aide à autrui et que le résultat ne correspond pas à notre attente – par exemple que tous les êtres n'atteignent pas l'Éveil – nous nous inquiétons. Nous sommes sur le point d'atteindre une vision totalement non dualiste, mais il subsiste encore un peu de dualité, ce qui explique le mot « difficile ». Ce niveau dépassé, tout semble simple. Ici c'est la pâramitâ de la méditation qui est parfaite et transcendée.

Le sixième bhumi, en tibétain *ngeun dou tchok pa* [59] signifie « manifeste ».

Grâce au support de la Prajnâpâramitâ, *on ne se réfère plus aux notions de samsâra et de nirvâna : le samsâra et le nirvâna se révèlent purs.*

C'est le niveau de la parfaite réalisation de la sixième pâramitâ, la sagesse. Il n'y a plus de dualité. L'approche dualiste qui voit le nirvâna comme bon et le samsâra comme mauvais est dépassée, ne laissant rien d'impur dans notre perspective. Toutes les vérités sont ainsi révélées.

Le septième bhumi, en tibétain *ring tou song wa*[60] signifie « loin allée ».

Cette terre étant reliée au chemin unique, à ce stade, le bodhisattva est parvenu très loin, à l'extrémité de l'activité.

Ce niveau est celui de la réalisation de la non-séparation. Toutes les caractéristiques des dharmas et des soutras n'apparaissent plus comme séparées. Plus rien n'est perçu comme isolé. À partir de ce niveau, nos habitudes – même les tendances les plus subtiles, à savoir nos derniers blocages – commencent à s'estomper.

Le huitième bhumi est *mi yo wa*[61], « l'inébranlable ».

Il n'y a plus d'effort à fournir pour atteindre les caractéristiques ou l'absence de caractéristiques. Ce qui nous entoure ne nous influence plus. On acquiert ce que l'on appelle les « dix pouvoirs » sur :

— la durée de vie ;
— l'esprit ;
— les biens, les ressources matérielles ;
— l'action ou karma ;
— le type de naissance ;
— les prières ;

— les intentions, l'aspiration ;
— les miracles ;
— la sagesse primordiale ;
— le Bouddha dharma.

Le neuvième bhumi s'appelle en tibétain *leg pé lodreu*[62] ou « excellente intelligence », « discernement parfait ».

À ce niveau, l'intelligence est excellente, capable de tout discerner avec clarté.

Cette terre est atteinte avec la maîtrise des douze facteurs, telles les prières infinies. Le bodhisattva de cette terre pratique de façon générale toutes les pâramitâs, mais un accent particulier est mis sur les pouvoirs. Grâce à sa réalisation, le bodhisattva acquiert le troisième pouvoir, celui de la sagesse, parce qu'il atteint les quatre discernements parfaits.

Le dixième bhumi s'appelle *tcheu kyi trin*[63], ou « nuage du dharma ».

À ce niveau, le bodhisattva est comme un nuage qui déverse la pluie du dharma sur les êtres, les guérissant des émotions négatives les plus ténues.

À ce niveau, tout se produit très spontanément. Un nuage ne décide pas : « Vais-je pleuvoir ou pas ? Ces terres, ces gens sous moi veulent-ils de ma pluie ? La méritent-ils ? » Non, un nuage laisse juste tomber la pluie, sur les justes comme sur les méchants. De même, à ce niveau, tout ce qui est accompli l'est dans l'ordre naturel des choses.

Le dernier bhumi nous fait accéder à l'état de bouddha et il correspond à la cinquième phase discutée au chapitre précédent.

Il est atteint sur la voie de l'accomplissement final, à l'instant où, grâce à l'absorption semblable au diamant, les voiles émotionnels et les voiles cognitifs qui s'éliminent par la méditation sont abandonnés d'un coup.

À ce niveau, tous les obstacles, tous les problèmes dus à nos poisons mentaux, à nos émotions perturbatrices et à nos schémas habituels sont complètement purifiés. Notre compassion et notre sagesse se sont épanouies pleinement. Nous ne pouvons rien faire de plus, nous n'avons plus rien à développer.

Cinquième partie

Le fruit : la bouddhéité

Aborder ce sujet est encore plus difficile que de présenter les étapes du chemin qui y mène. Aucun d'entre nous en effet ne sait ce qu'est la bouddhéité. Après la lecture du chapitre précédent, cet état peut nous sembler fort éloigné ! Atteindre l'état de bouddha peut en effet prendre très longtemps. C'est vrai si nous empruntons la voie du sûtrayâna, et les soutras parlent de « trois incalculables ères cosmiques ». Pourtant les différents niveaux que nous venons de passer en revue ne prennent pas nécessairement tant de temps. Ce n'est pas la durée qui compte mais notre approche.

Il est possible d'atteindre la bouddhéité en une seule vie par la voie du vajrayâna, pour autant que nous ayons les conditions requises, l'attitude juste, l'intelligence et la compréhension correcte, un guide qualifié qui nous transmette les enseignements qui introduisent à la nature de l'esprit et que nous travaillions avec acharnement sur cette voie. C'est possible et la preuve en a été faite. Milarepa en est le meilleur exemple. Certains de ses disciples étaient persuadés que son niveau d'accomplissement signifiait qu'il avait dû être quelqu'un de très grand dans sa vie précédente. Ils lui demandèrent donc de quel grand être il était la réincarnation.

Milarepa leur répondit que, bien que leur question se voulût respectueuse et même flatteuse, elle diminuait en fait la puissance du dharma.

« Vous semblez dire que l'on n'arrive à rien en pratiquant simplement le dharma et qu'il faut avoir été quelqu'un de très grand dans une vie antérieure pour obtenir un résultat. Pourtant je n'étais rien de particulier dans ma vie précédente. Ce que je suis, ce que j'ai accompli, est uniquement le fruit de ma pratique dans cette vie-ci ! »

Le vajrayâna nous donne la possibilité d'aborder nos conditionnements de façon très directe, c'est sa particularité et sa force.

Gampopa distingue sept aspects de l'état de bouddha.

Tout d'abord sa nature :

La bouddhéité est caractérisée par la plus grande pureté possible et la sagesse primordiale suprême (jnâna).

Un bouddha a purifié tout ce qu'il fallait purifier et éveillé toute la sagesse qui puisse être éveillée. Tous les êtres, humains ou non, ont ce potentiel, cette qualité, cette nature essentiellement pure et bonne, mais enfouie sous la confusion et l'ignorance. Pour retrouver cette pureté intérieure originelle, il s'agit d'éveiller la sagesse qui est en nous. Toutes les négativités, la confusion et l'ignorance sont alors naturellement purifiées.

Ces deux facettes, purification des aspects négatifs et éveil de la sagesse, sont en fait une même chose. En effet, dès que notre véritable nature est éveillée, notre confusion et notre négativité sont par là même purifiées. Quand ce processus est parfaitement accompli, on devient un bouddha. Les différents niveaux de la voie des bodhisattvas correspondent à des niveaux de purification et d'éveil de la sagesse.

Comment les bouddhas peuvent-ils reconnaître les choses s'ils n'ont pas une vision similaire à la nôtre ? En effet, tous les philosophes bouddhistes s'accordent pour reconnaître que l'aspect non conceptuel, non dualiste est le facteur primordial qui caractérise l'esprit d'un bouddha. Les bouddhas ont totalement éliminé les concepts et transcendé l'approche dualiste qui opère la distinction entre « moi » et les « autres ». Lorsque l'esprit d'un bouddha est décrit de la sorte, beaucoup se méprennent, ne pouvant imaginer un esprit dépourvu de concepts et de dualité autrement que comme plongé dans un sommeil profond, une sorte de coma. Comme nous ignorons ce que peut être un tel état, nous n'arrivons pas à l'imaginer autrement que comme une absence totale de conscience. Ce n'est pourtant nullement le cas, puisqu'on appelle cet état *jnâna* ou « sagesse primordiale », la pâramitâ de la sagesse. Même en l'absence de concepts et de vues dualistes, il ne s'agit pas d'un néant. Comme nous l'avons déjà vu, les concepts ne correspondent pas à la réalité. Dès que nous créons un concept, nous fabriquons une idée dans notre esprit, ajoutant ou soustrayant quelque chose à ce qui est vraiment. Peu de concepts reflètent correctement la réalité. « Non conceptuel » signifie laisser les choses telles quelles, sans ajouter ou retirer quoi que ce soit.

« Non dualiste » signifie presque la même chose. Dire « ceci est ma pensée » ou « cela me dérange » est une pensée dualiste. Que le bruit d'une voiture nous dérange implique que nous reconnaissions l'existence d'un « je » qui est dérangé par le bruit. En réalité qui entend le bruit ? Le fait d'entendre le bruit est-il ou non différent de ce « je » qui entend le bruit ? Le bruit est-il identifiable à celui qui entend ou est-ce quelque chose d'autre ? Si c'est la même chose, comment peut-on être dérangé ? Comment le bruit peut-il déranger quelqu'un qui n'en est pas distinct ? Ce ne peut être le cas que si nous pensons qu'il y a quelque chose ou quelqu'un qui est distinct du bruit. En revanche si nous restons dans un état où le bruit et nous-mêmes ne sommes plus distincts, nous ne serons plus dérangés, quel que soit le nombre de voitures qui passent.

Une histoire zen met en scène un maître et son disciple qui méditaient ensemble. La pluie qui tombait dérangeait l'étudiant. Le maître lui dit alors : « Fais un avec la pluie et elle ne te dérangera plus. » En ne faisant plus qu'un avec ce qui nous perturbe, il n'y a plus d'espace pour les émotions négatives et rien ne peut plus nous perturber.

Dire que la sagesse des bouddhas est non duelle ne signifie pas qu'ils ne comprennent plus rien de ce qui se passe autour d'eux, qu'ils n'entendent, ne voient ou ne sentent plus. C'est en fait exactement le contraire. Un bouddha sent, voit et comprend avec beaucoup plus de clarté que nous. Notre perception des choses est confuse, parasitée par les différents concepts que nous leur accolons. Libre de la dualité, de l'attachement comme de l'aversion, l'esprit des bouddhas est totalement clair, pour la bonne raison qu'il n'établit plus de séparation entre « je » et le monde. Un bouddha demeure dans un état de parfaite équanimité. Son esprit est tranchant et précis, il ne court après rien ni ne fuit quoi que ce soit. C'est ce qu'on appelle la sagesse.

À la lumière de cette conscience non duelle, non conceptuelle, nos émotions négatives sont perçues en tant que sagesse. Nous pourrions dire que celle-ci se cache sous nos émotions négatives. Dès que notre vision dualiste et conceptuelle se dissipe, la sagesse des bouddhas se révèle dans la conscience présente, les émotions présentes, nos perceptions des choses, positives ou négatives. Bien sûr, nous n'avons pas encore maintenant un accès direct et une compréhension complète de cette sagesse puisque tout ce que nous pensons ne peut que prendre la forme de nos concepts, mais nous pouvons néanmoins imaginer ce que pourrait être cette expérience.

Selon Milarepa :

> *Quand on parle de « jnâna », il s'agit d'une conscience sans contraintes, sans artifices, au-delà des termes « c'est » et « ce n'est pas », « éternel » ou « rien », au-delà du domaine de l'intellect. Aussi, quels que soient les termes utilisés pour l'exprimer, il n'y a rien à réfuter. Tout est tel quel. Certains intellectuels demandèrent un jour au Bouddha son opinion (à ce sujet). Sa réponse fut la suivante : « Ne pensez pas qu'il y ait une réponse univoque à ce sujet. Le dharmakâya est au-delà de la saisie de l'intellect, sans naissance et libre des complications conceptuelles. Plutôt que de me poser la question, regardez l'esprit. C'est ainsi. »*

C'est exactement cela. Toute affirmation telle que « cela doit être comme ceci » ou « comme cela », est nécessairement erronée. Nous créons une image dans notre esprit qui ne correspond pas à la réalité. Toute pensée est erronée puisqu'elle n'est qu'une image, un concept. Voir les choses telles qu'un bouddha les voit implique que l'on ne pense ni ne décide intellectuellement ou philosophiquement qu'elles doivent être comme ceci ou comme cela. Il s'agit d'une expérience. La sagesse est au-delà de tous les concepts et ne peut émerger que comme une expérience personnelle.

Un des problèmes principaux des êtres humains est leur propension à tout intellectualiser. Nous voulons comprendre quelque chose avant de le pratiquer. C'est un obstacle majeur dans la pratique, du moins au niveau de la vision de la vérité ultime. Si nous ne comprenons pas ce que nous faisons, nous avons des doutes et certains pensent même qu'il est impossible de pratiquer ce que l'on ne comprend pas. Or le message de cet enseignement est : « Regardez votre esprit. Regardez sans conceptualiser. Alors peut-être verrez-vous la vérité. » C'est pourquoi nous avons parlé de la façon de méditer sans artifices et des six méthodes de Tilopa. Cette approche directe et naturelle est la seule qui nous permette de découvrir notre vraie nature. C'est très difficile car nous n'en avons pas l'habitude. Notre manière de procéder habituelle, qui consiste à conceptualiser avant d'agir, n'est pas appropriée dans ce cas-ci. On parvient de la sorte à faire beaucoup de choses, des avions, des bombes atomiques, ... mais pas à voir notre vraie nature. Dès que nous conceptualisons quelque chose, nous ne pouvons plus en voir la véritable essence. Lorsque nous constatons que notre approche usuelle ne fonctionne pas, nous nous sentons perdus, déconcertés et ne savons que faire. La seule façon d'y arriver c'est « d'être ». C'est pour cette raison que le Bouddha a répondu : « Ne me posez pas de questions, regardez votre esprit. » Il aurait pu donner beaucoup de réponses, mais aucune n'aurait été complète et totalement correcte parce qu'il est impossible de définir, de décrire ou de saisir la vérité par l'intellect.

Le deuxième aspect de la bouddhéité est la signification du mot « bouddha ».

> *Pourquoi emploie-t-on le terme « bouddha »* (sangs rgyas) ? *Parce qu'il désigne celui qui a dissipé le sommeil de l'ignorance et dont l'esprit s'est épanoui jusqu'à embrasser les deux aspects du connaissable.*

En sanscrit, *bodh* signifie « se réveiller », « réaliser », « voir clairement les choses ». En tibétain on dit *sang-guié. Sang* signifie « éveillé » et *guié* « épanouissement », « s'ouvrir comme une fleur ». *Sang-guié* signifie « celui qui s'est éveillé du sommeil de l'ignorance et dont la sagesse s'est épanouie et ouverte pleinement ».

Les cinq autres aspects de la bouddhéité se réfèrent tous aux trois kâyas – aux trois corps.

Décrire de façon simple ce qu'est un bouddha est impossible. Pour être complets, nous devons approcher sa nature par des angles différents, ce qui rend intellectuellement accessibles ses différentes qualités. Les kâyas ne sont pas des réalités distinctes mais les facettes d'une même réalité.

Le plus souvent on parle de trois kâyas, à savoir : le dharmakâya, le sambhogakâya et le nirmânakâya.

Quand il est question de deux kâyas, il s'agit du dharmakâya et du rûpakâya. Rûpakâya signifie « corps formels » et comprend le sambhogakâya et le nirmânakâya.

Quand il est question de quatre kâyas, le quatrième est le svabhâvikakâya. En réalité, il s'agit de l'union des trois kâyas, et ce quatrième kâya est mentionné pour souligner leur caractère indissociable, que l'on parle d'un même bouddha sous trois aspects différents.

Nous pouvons percevoir directement les trois kâyas en nous-mêmes, en regardant directement la nature de notre esprit, comme le signalait Milarepa dans le texte cité plus haut. Il est toutefois préférable de commencer par parler des kâyas tels que perçus chez les bouddhas et décrits par eux.

Le dharmakâya est le véritable bouddha.

Pour étayer cette affirmation, Gampopa cite le soutra de la *Prajnâpâramitâ* en huit mille vers :

> *Ne considérez pas le Tathâgata comme un corps formel, le Tathâgata est le Corps Absolu* [a].

Si nous voyons sans obstruction le dharmakâya en nous, nous réalisons l'Éveil, nous sommes parfaitement purifiés, parfaitement libérés intérieurement. Les expériences, les réalisations, l'état d'arhat et les degrés de la voie des bodhisattvas correspondent à une perception de plus en plus vaste du dharmakâya. Lorsque nous en faisons l'expérience totale, nous sommes devenus des bouddhas.

Mais de quoi s'agit-il ? Le dharmakâya n'est pas « quelque chose ».

Gampopa le définit comme suit :

> *Le terme dharmakâya n'est qu'un mot qui désigne l'élimination de toutes les erreurs – la disparition de tout ce qui est de nature illusoire, une fois réalisé le sens de l'espace absolu* [64]*, la vacuité.*

---

[a] *Dharmakâya.*

Dharmakâya n'est qu'un mot qui signifie que toute la confusion, toutes les erreurs, tous les voiles ont disparu. C'est tout. Ce n'est pas quelque chose que l'on obtient, ni quelque chose que l'on voit. Nous avons jusqu'ici parlé de « voir » le dharmakâya, mais en fait, il n'y a rien à voir.

Gampopa explique :

En essence il n'y a rien qui existe réellement – ni comme dharmakâya, ni comme caractéristiques du dharmakâya, ni comme quoi que ce soit qui puisse servir de base aux propriétés du dharmakâya. C'est ainsi que mon maître, Milarepa, me l'a expliqué.

D'une certaine façon, il n'y a donc rien à en dire. Néanmoins, huit caractéristiques sont mentionnées, non parce qu'il y « *a* » quelque chose, mais uniquement parce que si nous parlons d'un « état », notre esprit humain a besoin d'une description déductive claire et systématique pour comprendre ce dont il s'agit. Ces huit caractéristiques sont énoncées dans un ordre logique, l'une menant à l'autre.

Nyam pa[65] signifie « égal ». Il s'agit de l'état d'équanimité, identique pour tous les bouddhas, sans haut ni bas, où il n'y a rien à perdre ni à obtenir.

Sab pa signifie « profond », parce que le dharmakâya est au-delà des concepts, de toute affirmation ou négation, et de toute approche quantitative. On ne peut ni le mesurer ni le définir, ce qui le rend tellement difficile à comprendre.

Tak pa[66] signifie « permanent ». Pourquoi parle-t-on ici de permanence, alors que nous n'avons cessé d'expliquer jusqu'à présent qu'il n'y a rien de permanent ? On définit le dharmakâya comme permanent pour faire comprendre qu'il n'est ni impermanent ni composé, qu'il n'a ni début ni fin. Les termes « permanent » et « impermanent » sont des étiquettes qui nous permettent de comprendre de façon relative notre monde relatif. Comme le Dharmakâya n'a pas de substance, il ne peut changer, on ne peut donc le définir autrement que comme étant permanent, mais, dans ce contexte, « permanent » ne renvoie pas à une entité « solide » et existant en soi, il indique seulement que la nature « non née » n'est pas composée.

De nombreux débats tournent autour de ces définitions. Connaissez-vous ce dicton :

> *Si deux philosophes sont d'accord, c'est que l'un des deux n'est pas philosophe, mais si deux saints ne sont pas d'accord, c'est que l'un des deux n'est pas un saint.*

Il y a de nombreuses écoles philosophiques dans le bouddhisme, mais toutes s'accordent sur au moins un point : elles partagent toutes la même compréhension finale du dharmakâya. Là où elles divergent, c'est dans leur manière d'exprimer cette compréhension. Un débat célèbre opposa pendant douze ans Chandragomin et Chandrakirti, pourtant aucun des deux n'a jamais douté de la réalisation de l'autre, le débat portait uniquement sur la manière de l'exprimer, sur la forme et non sur le fond.

Certains sont d'avis qu'on ne devrait pas décrire le dharmakâya comme permanent, parce que les gens pourraient se méprendre en croyant que « permanent » implique l'existence de quelque chose de solide, de réellement là, d'immuable, comme l'âtman des hindous. D'autres répliquent que si l'on n'utilise pas ce terme les gens ne pourront qu'en déduire que le dharmakâya est impermanent, ce qui est incorrect. Cela impliquerait en effet que le dharmakâya est de nature composée, ce qui est faux. Tous les débats portent sur la manière de décrire le dharmakâya de façon à éviter le plus possible les méprises. Dès qu'un philosophe avance un qualificatif, il y en a toujours un autre pour remarquer « ceci va être mal interprété, il faut donc l'exprimer de la façon suivante ». Puis un troisième philosophe estime qu'une autre formulation serait plus appropriée, et ainsi de suite. Il en va de même de tous les problèmes philosophiques.

Tchig pa[67] signifie « homogène », « unique ». Ici encore, on affirme l'opposé de ce qui a été développé précédemment, à savoir que rien n'est d'une seule substance. Comme le dharmakâya n'est ni composé ni divisible, il ne peut être défini que comme « un », ce qui ne veut pourtant pas dire qu'il est « quelque chose » qui soit « un ». Cela exprime simplement le fait que le dharmakâya ne peut être divisé en différentes parties.

Yang dag pa[68] signifie « complètement correct », « totalement accompli » ou « authentique ». Le dharmakâya ne peut servir de base à un quelconque concept et rien ne peut en être soustrait. Il est tel quel, parfaitement complet en soi.

Sang wa[69] signifie « pur ». Il est sans taches, sans voiles, sans souillures.

Eusal wa[70] signifie « clarté rayonnante ». Il ne s'agit ni d'une pensée ni d'un concept. Le dharmakâya est une conscience très claire, très lumineuse.

La dernière caractéristique du dharmakâya est d'être le fondement du sambhogakâya.

Les formes du dharmakâya sont toujours représentées en bleu parce que le bleu est la couleur du ciel, qui est vaste, non obstrué – un espace illimité et ininterrompu. Le bleu est donc utilisé pour représenter la nature vaste et immuable du dharmakâya

Le sambhogakâya [a] est, lui aussi, décrit comme doté de huit caractéristiques, que le livre énumère comme suit :

— l'entourage spontanément perçu est composé uniquement de bodhisattvas ayant réalisé l'une des dix terres ;

— les lieux expérimentés sont les champs purs des bouddhas ;

— la manière dont le sambhogakâya est expérimenté est la forme de l'illustre Vairochana, etc. ;

— les marques sont les trente-deux signes majeurs et les quatre-vingts signes mineurs ;

— l'enseignement du dharma grâce auquel on l'expérimente parfaitement est le mahâyâna ;

— l'activité éveillée qui constitue ses actions est de prédire l'Éveil des futurs bodhisattvas, etc. ;

— ces actions sont accomplies sans le moindre effort, en toute spontanéité comme dans l'exemple du joyau qui exauce tous les vœux ;

— l'absence de nature propre. Même s'il se manifeste sous diverses formes, elles ne sont pas sa vraie nature, elles sont comme les couleurs émises par un cristal.

La forme du sambhogakâya est la manifestation de la clarté qui fait partie du dharmakâya. Du point de vue de celui qui a une compréhension totale du dharmakâya, tout devient pur et source de joie. Les représentations des formes du sambhogakâya sont toujours jeunes et très belles, parées de joyaux et d'ornements, goûtant un bonheur parfait : rien ne vient entacher cette perfection. Ces représentations sont une manière d'exprimer la vision pure des bouddhas. Lorsque nous percevons notre vraie nature, le dharmakâya, nous voyons alors tout de ce point de vue : nous contemplons la perfection

[a] « Corps de jouissance » dans la traduction du comité Padmakara.

partout, nous sommes entourés uniquement d'êtres purs et ne percevons d'impuretés nulle part. Même si les êtres ne se voient pas eux-mêmes comme tels, un bouddha les perçoit comme purs, tout en réalisant qu'ils ne se voient pas eux-mêmes ainsi.

Le nirmânakâya [a] est la forme sous laquelle les êtres perçoivent un bouddha, qui n'a d'autre but que de les aider. Cette forme peut se manifester sous n'importe quel aspect : un homme, une femme, un animal, un dieu, de la musique, un pont, de la nourriture pour ceux qui ont faim, etc.

Le nirmânakâya a aussi huit caractéristiques principales. Je citerai à nouveau Gampopa :

— sa base est le dharmakâya, d'où il émane, sans pour autant qu'il y ait une quelconque modification ;

— sa cause : il surgit de la compassion intense qui aspire à être bénéfique à tous les êtres sans exception ;

— son domaine embrasse tant les terres pures que les impures ;

— sa durée se perpétue sans interruption, tant que le monde existe ;

— son caractère est de se manifester sous trois types d'émanations :

- les émanations créatives douées de talents remarquables et de la maîtrise dans un domaine artistique ou artisanal comme les musiciens ;
- les émanations par naissance qui s'incarnent dans des corps inférieurs dans des types spécifiques d'existence, comme par exemple un lièvre ;
- les émanations suprêmes, qui manifestent (les douze activités), viennent du paradis de

[a] « Corps d'Apparition » dans la traduction du comité Padmakara.

Tushita, entrent dans une matrice et atteignent finalement la grande paix ;

— son rôle d'encouragement : le nirmânakâya inspire les êtres ordinaires à tendre vers l'un des trois types de nirvâna qui correspond à leur mentalité et à travailler vers ce but ;

— sa fonction de maturation : le nirmânakâya conduit à la pleine maturité spirituelle ceux qui sont déjà engagés sur la voie ;

— sa fonction de libération : le nirmânakâya libère des chaînes de l'existence ceux qui ont atteint la pleine maturité de la vertu.

Les corps formels que sont le sambhogakâya et le nirmânakâya n'apparaissent pas sans causes.

La première de ces causes est la puissance naturelle des bénédictions qui émanent du dharmakâya. La nature même du dharmakâya est telle qu'il a la capacité de se manifester spontanément en des formes perceptibles.

La deuxième cause est la vision pure des êtres qui perçoivent les corps formels. Ils ont purifié les voiles qui les empêchaient de les voir.

La troisième cause, ce sont les vœux formulés par les bouddhas dès le moment où ils se sont engagés sur la voie des bodhisattvas. Ils ont exprimé le souhait de venir en aide aux êtres et cette prière crée l'environnement et les conditions adéquates permettant aux bouddhas d'être perçus.

Ces trois conditions doivent nécessairement être réunies et l'on voit ainsi que, même au niveau de la bouddhéité, l'interdépendance est à l'œuvre. En effet, si les bénédictions des bouddhas suffisaient à elles seules, nous pourrions percevoir le sambhogakâya et le nirmânakâya à tous moments, puisque c'est le vœu même de tous les bouddhas que de venir en aide aux êtres, qu'ils ont toutes les qualités pour le faire et que leur pouvoir est sans limites. Or il est clair que tous les êtres ne peuvent percevoir les corps formels.

Si un esprit pur était la seule condition requise, la présence des bouddhas ne serait pas nécessaire. De plus, nous verrions des bouddhas partout, même là où il n'y en a pas. La perception des corps formels ne serait dès lors qu'une hallucination !

Enfin, s'il suffisait aux bouddhas de prier pour être vus, tous les êtres devraient pouvoir percevoir leurs corps formels, puisque les bouddhas n'ont pas la moindre partialité et ne souhaitent nullement favoriser certains plutôt que d'autres. Or, à nouveau, force nous est de constater que seul un petit nombre d'êtres parviennent à voir les corps formels des bouddhas.

Nous constatons donc que même les bouddhas ne sont pas tout-puissants et qu'à leur niveau aussi l'interdépendance entre en jeu. Même les êtres qui ont atteint un haut niveau de réalisation, même les êtres qui ont atteint l'Éveil, peuvent se trouver empêchés de faire ce qu'ils voudraient ou ce qui serait nécessaire au moment propice si des circonstances, des causes contraires sont réunies.

Traditionnellement, un bouddha se reconnaît à certains signes physiques. J'ai par ailleurs souligné qu'il est possible à tout être d'atteindre la bouddhéité en une seule vie. Nos traits physiques vont-ils pour autant se modifier et pourrons-nous observer dans un miroir les signes de nos progrès spirituels ?

En fait, nous devons distinguer deux cas. Il y a une légère différence entre devenir un bouddha et être comme le Bouddha Shakyamouni. Ce dernier était perçu par tous comme un bouddha, il avait les activités, les enseignements et les traits physiques d'un bouddha. La forme du Bouddha Shakyamouni est ce qu'on appelle une forme du « nirmânakâya suprême » dont la manifestation dépend de très nombreuses circonstances et requiert ce que l'on appelle « la purification du champ de bouddha ». Quand un « champ de bouddha » est « purifié », un bouddha apparaît avec tous les signes physiques qui le caractérisent.

Lorsqu'on parle dans la vajrayâna de devenir un bouddha en une seule vie, on parle de l'individu, du « je » qui devient un bouddha.

Celui qui devient un bouddha en une seule vie n'a plus de problèmes de son point de vue. Il a dès lors toutes les qualités d'un bouddha mais elles ne sont pas apparentes pour tout le monde. Il ne se promène pas nécessairement avec un halo autour de la tête.

Il faut souligner que lorsqu'on parle dans le vajrayâna de la possibilité de réaliser la bouddhéité en une seule vie, peu de gens y parviennent en réalité. La plupart atteignent cet état au moment de leur mort. Ils reconnaissent le dharmatâ – l'essence universelle – au moment où il se manifeste et atteignent alors la libération et l'Éveil (ce qui est considéré comme atteindre l'Éveil dans cette vie car on n'est pas encore dans la suivante). D'autres atteignent l'Éveil au stade du *bardo*. Mon propre maître m'a expliqué qu'il est très difficile d'atteindre l'Éveil dans cette vie en raison des entraves de notre environnement et de notre corps.

Sixième partie

L'activité d'un bouddha

Les trois kâyas ne surgissent pas du ciel lorsque nous devenons un bouddha mais sont dès maintenant présents en nous. Nous ne nous en rendons simplement pas compte. Nous devons écarter les voiles dont nous les avons recouverts. Notre esprit peut être introduit aux trois kâyas dès maintenant et une telle introduction constitue l'enseignement le plus profond et le plus direct qu'on puisse recevoir. C'est ce qu'on appelle « dzogchen », « lamdré[71] » ou « mahâmudrâ ». Ce sont des enseignements dont le but est d'introduire l'esprit directement aux trois kâyas, c'est-à-dire à sa véritable nature, la bouddhéité. Même si cela semble fort simple – regarder notre esprit clair et calme et voir sa véritable nature – c'est en réalité très difficile pour nous à cause des quatre raisons déjà mentionnées, à savoir que c'est trop simple, trop proche, trop bon et trop profond. Le troisième Karmapa a ainsi pu écrire quatre volumes sur la manière de réaliser les trois kâyas. Lorsqu'un maître essaie d'introduire un étudiant à cette approche, ce dernier ne saisira sans doute pas du premier coup de quoi il s'agit. Lorsque quelqu'un qui en a l'expérience en parle, son auditoire ne comprend souvent pas de quoi il s'agit et n'apprend rien. C'est la raison d'être des préliminaires : l'étudiant doit se préparer progressivement, approfondir petit à petit sa compréhension.

Lorsque notre esprit devient calme et clair, nous pouvons alors regarder vraiment ce qu'est « l'esprit ordinaire », l'esprit de base, et arriver à comprendre, à réaliser, qu'il n'y a... rien à voir ! Il y a conscience, mais on ne trouve « rien », « nulle part ». Il n'y a ni début ni fin, rien qui ait une forme ou une couleur. C'est la nature non née, non identifiable, intangible, insaisissable, l'aspect dharmakâya de l'esprit.

Même s'il n'y a pas de point de référence, rien à quoi se rattacher, il y a une clarté, une luminosité, une sorte d'énergie. C'est l'aspect sambhogakâya de l'esprit.

En même temps, il y a des manifestations continues, des pensées, des émotions qui s'élèvent, allant et venant librement, sans interruption : c'est l'aspect nirmânakâya de l'esprit.

Lorsque nous le comprenons réellement, que nous en acquérons une profonde réalisation, nous sommes alors en mesure de voir les trois kâyas en nous. Ce n'est pas quelque chose d'extérieur, que nous devrions générer : c'est simplement là. Plus grande sera notre confiance à ce sujet plus nous serons « réalisés ». Vu sous cet angle, devenir un bouddha n'est plus un objectif aussi lointain et difficile à atteindre.

Le tout est de savoir comment nous y prendre !

Il n'y a plus de limites pour un véritable bouddha parfaitement réalisé qui a développé la sagesse et la compassion au niveau le plus élevé. Pour le moment, nous sommes limités. Nous nous limitons nous-mêmes à de petites choses auxquelles nous réagissons et c'est pour cela que nous rencontrons tant de problèmes. Nous établissons une différence entre « les choses au-dehors » et « les choses au-dedans », entre ce que nous aimons et ce que nous n'aimons pas. Nous sommes ainsi constamment piégés dans des situations disharmonieuses, angoissantes et conflictuelles. Tant que cette façon limitée de voir les choses constitue notre seul horizon, nous souffrirons et nous serons porteurs de la source même de nos problèmes. Lorsque nous nous ouvrons et brisons ces limites, les situations ne nous apparaissent plus comme avant. Nous ne devenons pas quelqu'un de différent, mais nous voyons les choses de façon différente. Nos actions ne sont dès lors plus des « ré-actions », mais des actions directes. C'est ce que signifie la bouddhéité.

Comment un bouddha, un être non conceptuel et non dualiste, aide-t-il les autres ? Beaucoup de personnes se demandent comment les bouddhas peuvent aider les êtres puisqu'ils voient toutes les choses comme pures et ne font pas de distinction entre les êtres. Perçoivent-ils encore la souffrance des êtres et le besoin de les aider ?

Qu'un bouddha voie les choses de façon non conceptuelle et non dualiste n'implique nullement qu'il ne perçoive pas la souffrance des autres. Nous pourrions le comparer à un adulte qui regarde jouer des enfants. Un enfant construit un château de sable et pleure lorsque l'autre le détruit. L'adulte sait que ce n'est pas bien grave, mais il sait aussi que l'enfant qui pleure souffre réellement.

Un bouddha agit de manière spontanée et non en fonction d'un plan préétabli. Il ne se dit pas : « Hier j'ai aidé Françoise, je crois que cela suffit pour aujourd'hui. Maintenant j'aide Gérard. » Non. Son esprit, sa parole, toutes ses activités sont spontanés et non conceptuels.

Gampopa donne divers exemples d'actions spontanées, liés à la mythologie hindoue et j'ignore s'ils évoqueront quelque chose pour vous.

Le premier exemple illustre la façon dont le corps d'un bouddha apparaît : Indra, le roi des dieux, siège dans un palais de lapis-lazuli, rayonnant de lumière. Les rais de lumière réfléchissent Indra à travers l'espace, et ces reflets sont perçus par d'autres êtres, qui, à leur vue, s'exclament : « Quel roi extraordinaire ! Je voudrais devenir comme lui ! » Inspirés par cette vision ils se mettent à agir de façon positive et à aider les autres. Indra lui-même ignore jusqu'à l'existence de son reflet, pourtant d'autres êtres sont profondément impressionnés par ce reflet qui les aide à progresser.

De même, quand les conditions nécessaires sont réunies, un bouddha apparaît sous la forme du nirmânakâya qui aide les êtres pour lesquels cette forme est appropriée. Elle émane naturellement de sa compassion et du pouvoir de ses prières antérieures. Un bouddha apparaît là où son aide est nécessaire, sans qu'il prenne de décision délibérée de le faire.

La parole d'un bouddha se manifeste de la même manière. Les formes d'émanation et les enseignements sont présents partout. Ce que l'on appelle « les trésors du dharma » reflètent ce principe. Les enseignements du bouddha peuvent être perçus dans les sons de la nature, le souffle du vent dans les arbres, le clapotis ou le fracas des vagues. Ils sont présents partout, au sein de toutes les manifestations.

C'est ce qu'on appelle *nang wa dé lama*[72] ou le gourou symbolique de l'univers, ce qui signifie que tout ce que nous voyons ou expérimentons peut devenir un maître, une source d'enseignements et de réalisation. Ce n'est pas une manière de voir les choses, ni une projection subjective. Les manifestations des bouddhas et des êtres réalisés peuvent prendre toutes les formes utiles, et ces formes n'ont pas besoin d'être vivantes. Il peut s'agir de musique, d'un hôpital, d'un pont, d'un bateau, de nourriture, d'eau, ou de toute autre chose dont les êtres ont besoin.

L'esprit, la parole et le corps d'un bouddha apparaissent ainsi spontanément, sans contrôle, sans limites et de façon non conceptuelle.

Les exemples suivants illustrent le fonctionnement de l'esprit d'un bouddha.

Le premier exemple est celui du nuage. Les nuages vont et viennent. Dès que les circonstances sont réunies, il pleut. Cette pluie permettra par exemple à des fleurs, des arbres, des fruits de grandir. Les nuages ne décident pas qu'ils vont se transformer en pluie. Cela se passe. Les activités d'un bouddha sont semblables.

Le deuxième exemple est celui de Brahma, un dieu hindou. Dans la mythologie hindoue, il y a trois dieux principaux : l'un crée l'univers, l'autre le préserve et le troisième le détruit. Brahma est le dieu créateur. Il peut émaner sous autant de formes qu'il le désire, quand c'est nécessaire. Il n'a aucun plan d'action. Il ne court nulle part, inquiet de ne pas être en mesure de tout faire. Tout ce qui doit être fait s'accomplit simultanément.

Le troisième exemple est celui du soleil. Le soleil brille constamment et partout. Il ne se dit pas qu'il brillera à un endroit plutôt qu'un autre. Personne ne doit demander l'autorisation du soleil ou payer une taxe pour profiter de ses rayons, la seule chose à faire est d'aller là où il brille et de ne pas rester enfermé chez soi. De même, la sagesse et la compassion d'un bouddha embrassent tous les êtres, sans distinction, la seule chose est de nous ouvrir pour être en mesure de les recevoir.

Le quatrième exemple vient aussi de la mythologie hindoue, c'est celui du joyau qui exauce tous les vœux. Si l'on parvient à trouver cette pierre bleuâtre au-delà de l'océan, il faut la laver à l'eau de mer, puis à l'eau claire, ensuite la frotter avec un tissu en soie et la fixer au sommet d'un mât. Il suffit alors de prier et, par le pouvoir de la pierre, tout ce que l'on souhaite se réalise. Ce n'est pas la pierre qui décide ce qu'elle va faire, elle exauce simplement les souhaits, quels qu'ils soient, de toute personne qui trouve la pierre et suit la procédure décrite plus haut.

Les bénédictions et les manifestations d'un bouddha sont semblables. Par la prière, la situation correcte est crée. Lorsque les circonstances sont réunies, le vœu se réalise sans que rien ne puisse entraver cette réalisation.

Ces divers exemples illustrent bien le caractère spontané, non programmé des activités d'un bouddha. Il n'y a ni jugement, ni discrimination, ni saisie. Elles s'accomplissent à l'endroit et au moment où les conditions nécessaires sont réunies. Les activités d'un bouddha sont des actions et non des « ré-actions ».

Conclusion

Une dernière remarque au sujet de la pratique : développer la compassion relève davantage de la compréhension que du domaine des techniques. Comprendre intellectuellement de quoi il s'agit est assez simple, mais l'intégrer à un niveau plus profond est beaucoup plus difficile. Lorsque cette intégration a lieu, notre confiance augmente ainsi que notre aptitude à la pratique. Comme je l'ai déjà souligné à maintes reprises, tant que la compréhension reste purement intellectuelle, elle est superficielle et ne pourra nous aider au moment où nous en aurons le plus besoin.

Lorsque nous écoutons des enseignements, nous croyons souvent avoir tout compris, mais il est autrement ardu de les appliquer une fois rentrés chez nous. Ils ne font pas encore partie intégrante de nous-mêmes, nous ne les avons pas encore fondus en nous. Les Tibétains disent souvent que le voyage le plus long est celui de la tête au cœur, et je crois que c'est vrai. L'essentiel de toute vraie pratique est de faire descendre notre compréhension intellectuelle jusqu'au niveau du cœur, jusqu'au niveau du ressenti, du vécu Lorsque nous comprenons quelque chose vraiment profondément, la pratique juste, la réaction juste, nous vient spontanément, sans efforts. Lorsque nous agissons avec conviction, nous le faisons avec joie et enthousiasme.

Essayez d'abord de bien comprendre les notions enseignées, et ensuite méditez-les pour approfondir votre compréhension. Appliquez ce que vous avez compris dans votre vie quotidienne, continuellement mais sans rigidité ni tensions. Certaines personnes prennent les choses trop au sérieux, se culpabilisant si, par exemple, elles se lèvent un jour trop tard pour leur méditation matinale. C'est excessif. Votre pratique ne doit pas devenir un fardeau, bien que vous deviez essayer de maintenir une certaine régularité. En effet, seule cette régularité vous permettra de stabiliser la compréhension acquise et de l'utiliser quand vous en aurez besoin pour faire face aux situations concrètes de votre vie de tous les jours. Lorsque vous êtes en mesure de pratiquer, réjouissez-vous-en, mais, si pour l'une ou l'autre raison, vous ne pouvez le faire, inutile de vous sentir coupables ou déprimés. Ne transformez pas la pratique en une source de tracas et de soucis. Vous n'avez rien pu faire pendant quelques jours ? Ce n'est pas un problème ! Dites-vous que vous en faites de toute façon plus que lorsque vous ne pratiquiez pas du tout. Ne prenez pas les choses trop au sérieux, replacez-les dans une plus juste perspective.

Ce dernier conseil termine mon commentaire du *Précieux Ornement de la Libération*, l'œuvre maîtresse de Gampopa. J'ai moi-même reçu cet enseignement de mon professeur, Khenpo Lama Rintchen, qui l'a reçu de Jamgueun Kongtrul de Sétchen (1901-1960), qui l'a lui même reçu de Khenpo Tashi Euzer qui le reçut de Jamgueun Kongtrul le Grand (1813-1899).

Je suis bien conscient de ne pas avoir été en mesure de l'enseigner correctement et systématiquement, comme il est d'usage traditionnellement.

Ce texte fait en principe l'unique objet de toute une année d'étude. Or nous étions limités par le temps et n'avons pu étudier ensemble ce texte que pendant sept semaines à raison d'à peine une heure par jour. J'ai avant tout essayé de rendre cet enseignement clair et vivant en utilisant des citations de grands enseignants et des illustrations tirées de contes tibétains, de mes expériences personnelles et de celles de mes étudiants occidentaux. J'ai aussi tenu compte du fait que, pour certains d'entre vous, tout cela est complètement neuf. Je ne voulais pas lasser mon auditoire par une approche trop fouillée ou trop académique. J'espère y être parvenu, mais je vous demande de ne pas considérer ce commentaire comme une explication complète et définitive, mais bien plutôt comme une introduction vous préparant à une étude personnelle plus approfondie que je vous souhaite très fructueuse.

Annexes

Glossaire

Ârya (Tib. : *phags pa*, prononcé *phak pa*) : *lit.* élevé, au-dessus, supérieur. Saint, être sublime, individu réalisé qui a la capacité de venir en aide aux autres êtres.

Arhat (Tib. : *dgra bcom pa*, prononcé *dra tchom pa*) : *lit.* destructeur, celui qui a écrasé les ennemis intérieurs. Ce mot désigne celui qui est allé au-delà de la naissance, la vieillesse, la maladie et la mort, qui a réalisé l'absence d'ego et éliminé toutes les émotions négatives et les souillures par la pratique du Petit Véhicule (il est d'ailleurs l'idéal à atteindre pour ce Véhicule), mais n'a pas encore atteint l'état de bouddha parfait. Il demeure dans un état dépourvu de souffrances mais il lui reste encore des étapes à franchir avant de devenir un être totalement réalisé.

Bardo (Tib. : *bar do*. Sans. : *antarâbhava*) : *lit.* entre-deux, état intermédiaire ou transitoire. On distingue plusieurs bardos dont le nombre varie de quatre à six selon les tantras, mais le plus souvent « bardo » désigne l'état intermédiaire entre la mort et la prochaine naissance. Les six bardos sont : le bardo de la naissance et de la vie ; le bardo de la concentration méditative ; le bardo de l'état de rêve ; le bardo du moment de la mort ; le bardo de la nature absolue ; le bardo du devenir.

Bodhicitta (Tib. : *byang chub sems*, prononcé *tchang tchoup sèm*) : *lit.* esprit *(citta)* d'éveil *(bodhi)*. Sur le plan relatif, c'est tout d'abord le désir d'atteindre l'Éveil parfait pour le bien de tous les êtres puis l'entrée dans la pratique spirituelle qui seule permet l'accomplissement de ce but. Au niveau absolu, c'est la réalisation de la vacuité, de la nature de Bouddha qui demeure en chaque être.

Bodhisattva (Tib. : *byang chub sems dpa'*, prononcé *tchang tchup sèmpa*) : *lit.* héros *(dpa')* de l'esprit d'Éveil ; un être qui s'est engagé avec courage et détermination à atteindre, par la pratique des six vertus transcendantes, l'état de Bouddha, l'Éveil, pour travailler au bien de tous les êtres et à ne pas entrer dans la paix du nirvâna tant qu'un seul être demeure encore dans les souffrances du samsâra.

Bhûmi (Tib. : *Sa*, prononcé *sa*) : niveaux, étapes de la voie des bodhisattvas vers l'Éveil. Ils sont au nombre de dix (voir chapitre VIII pour plus de détails).

Dharmadhatû (Tib. : *chos kyi dbyings*, prononcé *tcheu kyi ying*) : espace absolu, synonyme de vacuité. L'immensité absolue, la vacuité inhérente à la conscience éveillée.

Dharmakâya (Tib. : *chos sku.*, prononcé *tcheu kou*) : *lit.* corps des phénomènes, corps d'essence. C'est l'aspect de vacuité de la bouddhéité. Ce terme désigne la véritable nature ultime de phénomènes, l'aspect non manifesté, libre de toutes les limites du savoir conceptuel, au-delà de toute description et pourtant englobant tout. C'est l'aspect du Bouddha perçu lorsque toute la confusion, toutes les erreurs, tous les voiles ont disparu. Ce n'est pas « quelque chose » qu'on obtient ni quelque chose que l'on « voit ». Le Dharmakâya est le véritable Bouddha.

Dharmatâ (Tib. : *chos nyid*, prononcé *tcheu nyi*) : le Réel, la « nature vide », la nature absolue, l'essence universelle, véritable, les choses telles qu'elles sont en réalité par contraste avec la vérité apparente, mensongère perçue ordinairement.

Dhyâna (Tib. : *bsam gtan*, prononcé *samtèn*) : *lit.* « pensee stable », concentration, stabilité mentale, état dans lequel l'esprit peut demeurer sans distraction, focalisé sur un objet

Dzogchen ou Dzogpa Tchenpo (Tib. : *rdzogs pa chen po*. Sans. : *Mahâsandhi*) : Grande Perfection, autre nom de l'Ati Yoga, sommet des 9 véhicules. Ce sont les enseignements les plus profonds de l'école Nyingma du bouddhisme tibétain. Les tantras du Dzogchen sont classés en 3 sections : esprit *(sems sde – cittavarga)* ; espace *(klong sde – abhyantavarga)* ; instructions cruciales *(man ngag sde – upadeshavarga)*.

Gueshé (Tib. : *dge bshes*. Sans. : *Acharya*) : docteur en philosophie, grand érudit possédant une profonde connaissance des soutras et des enseignements bouddhistes.

Kalpa (Tib. : *bskal pa*) : période cosmique. Durée de temps extrêmement longue. Un grand kalpa correspond au cycle de formation et de disparition d'un univers et comprend 80 petits kalpas.

Khenpo (Tib. : *mkhan po*) : abbé, titre qui désigne soit une personne qui donne les vœux monastiques, soit un érudit qui enseigne le dharma.

Lama (Tib. : *bla ma*. Sans. : *Guru*) ou **Kalyânamitra** (Tib. : *dge ba'i bshes nyan*, prononcé *gué wé shenièn*) : *Guéwé* signifie « vertu » ou « qualités positives » et *shenyen* signifie « ami ». On peut peut-être traduire ceci par « ami spirituel », bien qu'en tibétain le terme « spirituel » n'est qu'implicite. Ken Holmes traduit ce terme par « bon mentor » *(good mentor)* et explique son choix ainsi : « Le terme tibétain *dge ba'i bshes nyan* est très évocateur, signifiant "ami ou proche dans la vertu". Il connote un sentiment de proximité, de bonté et de guidance dans ce qui est noble, et évoque une personne avec laquelle nous avons un lien profond. Ce terme a parfois été traduit par "ami spirituel", une bonne traduction, qui peut cependant être (et qui a été) mal interprétée. C'est pourquoi je lui ai préféré le terme "mentor, qui signifie "conseiller expérimenté et de confiance". »

Lamdré (Tib. : *lam 'bras*) : *lit.* voie et résultat, l'enseignement principal de l'école Sakya du bouddhisme tibétain.

Mâlâ (Tib. : *'phrang ba*, prononcé *trengwa*) : rosaire de 108 grains utilisé pour compter la récitation de mantras ou de prières.

Mahâyâna (Tib. : *theg pa chen po*, prononcé *tèkpa tchenpo*) : *lit.* grand véhicule. L'une des deux (ou trois) grandes voies, ou véhicules, du bouddhisme. On le désigne comme « grand » en raison du courage, de l'intention, de la pratique, de la sagesse, des méthodes, du résultat et de l'activité du bodhisattva, qui sont supérieurs à ceux du « petit » véhicule.

Mâdhyamika (Tib. : *dbu ma*, prononcé *ouma*), **Voie du Milieu** ou Voie Médiane : enseignements sur la vacuité systématisés par Nâgârjuna et tenus pour l'un des fondements théoriques du Vajrayâna. « Médiane » veut dire libre des extrêmes de la croyance à la réalité intrinsèque des phénomènes et du nihilisme. L'école Mâdhyamika fut la plus influente des quatre écoles philosophiques du bouddhisme indien.

Nirmânakâya (Tib. : *sprul sku*, prononcé *troul kou*) : corps de manifestation, d'apparition, correspond à l'aspect compatissant de l'état de bouddha qui n'a d'autre but que d'aider les êtres vivants. Il s'agit de la forme sous laquelle les êtres ordinaires perçoivent un bouddha. Cette forme peut se manifester sous n'importe quel aspect : un homme, une femme, un animal, un dieu, de la musique, un pont, de la nourriture pour ceux qui ont faim, etc. Les corps de manifestation d'un bouddha sont de trois types : 1° manifestation suprême (Tib. : *mchog gi sprul sku*. Sans. : *uttama nirmânakâya*) comme le Bouddha Shakyamouni ; 2° manifestation par la naissance (Tib. : *skye ba sprul sku*. Sans. : *janma nirmânakâya*) pouvant prendre différentes formes humaines, animales, etc. ; 3° manifestation « artisanale » (Tib. : *bzo bo sprul sku*. Sans. : *silpa nirmânakâya*) formes créatives, animées ou inanimées.

Nirvâna (Tib. : *mya ngan las 'das pa*, prononcé *nya ngèn lé dépa*) : « Au-delà de la souffrance », la cessation permanente de la souffrance et de ses causes. Ce terme revêt divers sens selon les différents véhicules (le « nirvâna » de l'Arhat n'est pas le nirvâna d'un Bouddha).

Prajnâpâramitâ (Tib. : *shes rab kyi pha rol tu phyin pa,* prononcé *shérap kyi paroltou tchinpa*) : la connaissance la plus élevée, la connaissance suprême. *Pra* signifie « très », « meilleur », et *jna* signifie « connaissance ». La traduction tibétaine, *shérap*, signifie exactement la même chose (*shé* : « connaissance » ; *rap* : « supérieure »).

Prâtimoksha (Tib. : *so sor thar pa,* prononcé *sosor tarpa*) : vœux de délivrance individuelle. Il s'agit de l'observance des huit catégories de vœux du Vinaya, qui vont du simple vœu d'un jour à ceux de moine complet.

Pratyekabuddha (Tib. : *rang sans rgyas,* prononcé *rang sang guyé*) : *lit.* Bouddha par soi. Il s'agit d'un être qui s'est libéré des entraves et souffrances du samsâra en étudiant la nature des interdépendances sans l'aide d'un maître. Il a ainsi réalisé l'absence d'existence propre des êtres et, en partie seulement, celle des phénomènes. Il a parfait l'aspect de sagesse mais doit encore développer la compassion avant de pouvoir progresser vers l'état de Bouddha.

Rig (Tib. : *rigs.* Sans. : *Gotra* : potentiel de Bouddha.) *Lit.* « famille, support, germe, embryon », potentiel d'éveil qui se trouve en chaque être et sans lequel il serait impossible de devenir bouddha. Synonyme de « nature de bouddha ». Ce terme indique la lignée, la famille, l'espèce à laquelle on appartient. Il indique aussi la filiation génétique, la capacité d'évoluer pour devenir un individu mature ayant les caractéristiques propres à sa race. *Rig* désigne donc non seulement l'ensemble des individus appartenant à une certaine lignée qui s'étend dans le temps et l'espace, mais aussi le pouvoir de continuer cette filiation, de la passer à ses descendants (d'après *Shenphen Hookham et Khenpo Tsultrim Gyamtso*).

Sâdhana (Tib. : *sgrub thabs,* prononcé *droup tap*) : *lit.* méthode d'accomplissement. Il s'agit du texte d'une pratique qui vise à expérimenter la réalité ultime par la méditation. Il intègre tout un système de visualisations, de récitations, de rituels et de méditations centrés autour d'une divinité ou d'un cycle de divinités.

Samâdhi (Tib. : *ting nge 'dzin,* prononcé *ting ngé dzin*) : concentration ou absorption méditative profonde, état de l'esprit parfaitement et continûment focalisé sur un objet.

Sambhogakâya (Tib. : *longs (spyod rdzogs pa'i) sku,* prononcé *long (tcheu dzok pé) kou)* : corps de jouissance, de gloire, de lumière, correspond à l'aspect lumineux spontané. Tout comme le Dharmakâya, cet aspect de la bouddhéité est caractérisé par l'absence de concepts, de dualité et d'émotions négatives, mais il implique la présence des différentes sortes de sagesse. La nature de Bouddha n'est pas un état amorphe et terne, mais vibre au contraire de forces très vives qui sont ce qu'on appelle les cinq sagesses. C'est cet aspect de la bouddhéité qui est perçu par les bodhisattvas qui ont atteint les différents bhumis.

Samsâra (Tib. : *khor ba,* prononcé *korwa*) : cycle des existences, des morts et des renaissances dans lequel on passe sans arrêt d'une vie à une autre poussé par la force des actes *(karma)*. Le monde tel qu'il est perçu par une conscience non éveillée. L'état d'esprit des êtres sous l'emprise de l'ignorance et des émotions perturbatrices.

Sangha (Tib. : *dge 'dun,* prononcé *guendun*) : au sens le plus large, l'ensemble des pratiquants du bouddhisme. Selon le contexte, peut désigner soit la communauté monastique des moines et des nonnes, soit la communauté idéale des bodhisattvas et des êtres réalisés.

Shamatha (Tib. : *zhi gnas,* prononcé *shiné*) : méditation de la paix de l'esprit, visant à rendre l'esprit clair et tranquille. C'est la base de toutes les concentrations. Il s'agit de se détendre de manière simple et naturelle, de demeurer calme et conscient dans l'instant présent sans fabriquer quoi que ce soit d'artificiel.

Shrâvaka (Tib. : *nyan thos,* prononcé *nyèn theu*) : *lit.* auditeur, ceux qui ont entendu les enseignements du bouddha Shakyamuni. Adeptes du Hînayâna dont le but est d'atteindre la libération du samsâra au niveau de l'Arhat.

Siddha (Tib. : *grub thob,* prononcé *droup thop*) : grand pratiquant réalisé, yogi ayant atteint une grande maîtrise de l'esprit et acquis des pouvoirs supranormaux.

Mahasiddha (Tib. : *grub chen,* prononcé *droup tchen*) : yogi ayant atteint l'accomplissement suprême.

Sugatagharba (Tib. : *bde gshegs snying po,* prononcé *déshek nyingpo*) : nature de Bouddha, essence de « ceux qui s'en vont dans la félicité » ou de « ceux qui sont entrés dans la bonne voie », à savoir les bouddhas, potentiel d'éveil inhérent à tous les êtres vivants.

Sukhâvatî (Tib. : *bde ba can,* prononcé *Déwatchen*) : champ pur de l'ouest, terre pure du bouddha Amitâbha.

Târâ (Tib. : *sgrol ma,* prononcé *dolma*) : divinité féminine qui à la fois personnifie la Prajnâpâramitâ, ou sagesse transcendante, et symbolise l'activité éveillée des bouddhas. Elle occupe une place importante dans l'iconographie bouddhiste et est l'objet d'une grande dévotion de la part des Tibétains.

Vajrayâna (Tib. : *rdo rje theg pa,* prononcé *dordjé thekpa*) : véhicule adamantin. Ensemble des enseignements et pratiques fondés sur les tantras. Le Vajrayâna intègre en une seule voie les enseignements du Petit et du Grand véhicule, y adjoignant les moyens habiles qui lui sont propres et qui permettent une progression rapide sur la voie.

Vinaya (Tib. : *dul ba,* prononcé *dul wa*) : règles, discipline. Il s'agit d'une des trois sections du Tripitaka (les Trois Corbeilles) ou Canon bouddhiste qui regroupe les Soutras, le Vinaya et l'Abdhidharma. Le Vinaya détaille les règles morales et les règles de conduite établies par le Bouddha en réponse aux problèmes particuliers qui se présentaient au sein de la Sangha. Il y a des règles spécifiques pour les moines, les nonnes et les laïcs.

Vipassyana (Tib. : *lhag mthong*, prononcé *lak tong*) : méditation de la « vue pénétrante ». Vision profonde, expérience directe de la nature des choses par le discernement intérieur. C'est la deuxième étape de la méditation qui suit en général l'obtention du calme mental *(samatha-shiné).*

Notes

1. Tib. : *'khrul ba.*

2. Tib. : *rgyu* (prononcé « gyu »). Sans. : *hetu* : la cause, c'est-à-dire notre « nature de bouddha ».

3. Tib. : *rten* (prononcé « tèn ») : la base, c'est-à-dire notre condition humaine.

4. Tib. : *rkyen* (prononcé « kièn »). Sans. : *pratyaya* : condition favorable, c'est-à-dire l'ami spirituel.

5. Sans. : *Sougatagharba*. Tib. : *Bde gshegs snying po. Bde gshegs* (prononcé « dé sheg »), signifie « celui qui est entré dans la bonne voie », à savoir le Bouddha. *Snying po* signifie « la graine » ou « l'essence ».

6. Tib. : *rigs.*

7. Tib. : *rig tché (rigs ched).*

8. Tib. : *ma-nges-rigs, ma nges* signifiant « incertain, non défini, indécis ».

9. Tib. « *nyan-thos* ».

10. Tib. *rang sangs/rgyas.*

11. Tib. : *dge ba'i /bshes nyan so so'i skye bo* (prononcé « guéwé shényen soso tchéwo »).

12. Tib. : *sa chen po la gnas pa'i bshen nyan,* (prononcé « sa tchen-pola népé guéwé shenyen »).

13. Tib. : *longs spyod rdzogs pa'i sku* (prononcé « long-tcheu dzokpé kou »).

14. Tib. : *sangs rgyas sprul pa'i sku* (prononcé « sanguyé troulpékou »).

15. Tib. : *khyab pa 'du byed kyi sdug bsngal*. Sans. : *samskâra duhkhatâ.*

16. Tib. : *'gyur ba'i sdug bsngal* (prononcé « guiour wé douk ngel »). Sans. : *viprinâma duhkhatâ.*

17. Tib. : *sdug bsngal kyi sdug bsngal* (prononcé « douk ngel kyi douk ngel »). Sans. : *duhkha dukhatâ.*
18. Tib. : *bag chags.* Sans. : *vasâna.*
19. Soukhavati (ou *bde ba can,* prononcé « déwatchen » en tibétain) : terre pure du Bouddha Amitabha. (Voir glossaire.)
20. Tib. : *sems pa'i las* (prononcé « sempélé »). Tib. : *bsam pa'i las* (prononcé « sampélé »).
21. En tibétain, « bouddhiste » se dit « nang pa », c'est-à-dire « intérieur », quelqu'un qui tourne son regard vers l'intérieur.
22. Tib. : *sgrub thabs* (prononcé « droup thap »).
23. « Pâra » signifie « l'autre côté » et *mitâ* « aller » : « aller au-delà ».
24. Tib. : *sbyin pa* (prononcé « djinpa »). Sans. : *dâna.*
25. Tib. : *yes shes, shes rap.* La différence entre *yéshé* et *shérap* est subtile. *Shé* signifie « connaissance » et *rap* signifie « meilleure ». *Shérap* signifie donc « meilleure connaissance ». Yéshé signifie « la connaissance qui est juste depuis le début », la connaissance dans son état originel, la sagesse fondamentale. Quand notre *shérap* est totalement développée, on parle alors de *yéshé.*
26. Tib. : *tshul khrims* (prononcé « tsoultrim »). Sans. : *Shîla.*
27. Tib. : *nyes spyod sdom pa'i tshul khrims* (prononcé « nyé tcheu dom pé tsoultrim »). Sans. : *duskrta samvara sîla.*
28. Tib. : *dge ba chos sdud kyi tshul khrims* (prononcé « gué wa tcheu du gyi tsoultrim »). Sans. : *Kushala dharma samgraha sîla.*
29. Tib. : *sems can don byad kyi tshul khrims.* Sans. : *sattva krtya sîla.*
30. Tib. : *bzod pa* (prononcé « zeupa »). Sans. : *ksânti.*
31. Tib. : *brtson 'grus* (prononcé « tseundru »). Sans. : *vîrya.*
32. Tib. : *le lo.*
33. Tib. : *shi gnas* (prononcé « shiné »).
34. Tib. : *lhag mthong* (prononcé « lagthong »).
35. Tib. : *rten 'brel yan lag bcu gnyis.* Sans. : *pratîtya samutpâda.*
36. Tib. : *ma rig pa.* Sans. : *avidyâ.*
37. Tib. : *'du byed kyi las.* Sans : *samskâra.*
38. Tib. : *rnam shes.* Sans : *vijnâna.*
39. Tib. : *ming gzugs.* Sans : *nâmarûpa.*
40. Tib. : *skye mched.* Sans : *âyatanam.*
41. Tib. : *reg pa.* Sans : *sparsha.*
42. Tib. : *tshor ba.* Sans : *vedanâ.*
43. Tib. : *sred pa.* Sans : *trshnâ.*
44. Tib. : *len pa.* Sans : *upâdânam.*
45. Tib. : *srid pa.* Sans : *bhâva.*

46. Tib. : *skye ba*. Sans : *jâti*.
47. Tib. : *rga zhi*. Sans : *jarâ maranam*.
48. Sans. : *dhyânas*.
49. Tib : *shes rab* (prononcé « shérap »). Sans. : *Prajnâ*.
50. Tib. : *rje thob*.
51. Tib. : *tshogs lam*. Sans. : *sambhâra mârga*.
52 *Shrotâpanna* en sanscrit.
53. Tib. : *nyams*.
54. Tib. : *rab tu dga' ba*. Sans. : *pramuditâ*.
55. Tib. : *dri ma med pa*. Sans. : *vimalâ*.
56. Tib. : *'od bye pa*. Sans. : *prabhâkarî*.
57. Tib. : *'od 'phro ba*. Sans. : *arcismatî*.
58. Tib. : *sbyangs dka' ba*. Sans. : *sudurjayâ*.
59. Tib. : *mngon du phyogs pa*. Sans. : *abhimuktî*.
60. Tib. : *ring du song ba*. Sans. : *dûrangama*.
61. Tib. : *mi gyo ba*. Sans. : *acalâ*.
62. Tib. : *legs pa'i blo gros*. Sans. : *sâdhumati*.
63. Tib. : *chos kyi sprin*. Sans. : *dharmameghâ*.
64. Tib. : *Dharmadhâtu*.
65. Tib. : *mnyam pa*. Sans. : *samatâ*.
66. Tib. : *rtag pa*. Sans. : *nitya*.
67. Tib. : *gcig pa*.
68. Tib. : *yang dag pa*.
69. Tib. : *sangs ba*.
70. Tib. : *'od gsal ba*.
71. Tib. : *lam 'bras*. (Voir glossaire : Lamdré.)
72. Tib. : *snang ba brda'i bla ma*.

Remerciements

Cette traduction a été réalisée grâce à la collaboration et à l'aide de nombreuses personnes que nous tenons à remercier du fond du cœur.

Toute notre gratitude va à Anita Heidenreich qui a réalisé les enregistrements, à Maria Hündorf et Maggy Jones pour leur travail au niveau du texte anglais qui a servi de base à cette traduction, à Olivier Dupuis, Hippolyte Wouters et Anne Lorrain pour leurs conseils stylistiques avisés, à Karma Shenphen Özer et Anne Munck pour la relecture et la correction des versions successives, à Dominique Marchal pour son appui enthousiaste et à Nguyên Trân Hoang pour son soutien et sa patience.

Nous remercions tout particulièrement Matthieu Ricard qui n'a pas hésité à nous consacrer son précieux temps pour relire et corriger le texte, le préfacer, et nous éclairer de ses remarques judicieuses reflétant sa grande expérience dans le domaine de la traduction d'enseignements bouddhistes et sa profonde compréhension de ces derniers.

Nous remercions aussi tous ceux, nombreux, qui ne sont pas nommés ici mais qui, chacun à sa manière, ont contribué à la réalisation de cet ouvrage qui, nous l'espérons, apportera à ses lecteurs de grands bienfaits, beaucoup de joie et une compréhension accrue de ce qu'est véritablement l'enseignement du Bouddha.

Corinne Segers Inès Wouters

Table

Première partie

LA CAUSE PREMIÈRE DE L'ÉVEIL :
LA NATURE DU BOUDDHA

Deuxième partie

LE SUPPORT DE L'ÉVEIL :
LA PRÉCIEUSE EXISTENCE HUMAINE

Troisième partie

LA CAUSE CIRCONSTANCIELLE DE L'ÉVEIL : L'AMI SPIRITUEL

Quatrième partie

LA MÉTHODE, LES INSTRUCTIONS DE L'AMI SPIRITUEL

Sixième partie

L'ACTIVITÉ D'UN BOUDDHA

Annexes

Composition : Facompo, Lisieux

Cet ouvrage a été réalisé par

FIRMIN DIDOT

GROUPE CPI

Mesnil-sur-l'Estrée

pour le compte de NiL éditions
en avril 2001

Dépôt légal : avril 2001
N° d'édition : 41675/01 – N° d'impression : 55337

Imprimé en France

NiL éditions
24, avenue Marceau
75381 Paris cedex 08